TTS文庫

呪術師のいる風景

齋藤正憲

東京図書出版

序

――おとうとが、しんだ。

死は、突然、やってくる。いざ、自分に死がおとずれようとしたなら？　そりゃあ、もちろんジタバタするのだろうけれど、そのときは、そのとき。粛々《しゅくしゅく》と、受け入れるほかあるまい。できることは、とてもすくない。否《いな》、なにもない。自分のことですら、そうなのだ。いわんや、ほかのひとの死をや、だ。いかんとも、できまい。なにかできることがある、なんて、まったく思えない。ひとは死に対し、どこまでも、どこまでも、無力である。

なにも、死と無縁であったわけではない。これまでにも、訃報《ふほう》に接することはあったわけで、そのたびに、さまざまの感慨が去来《きょらい》した。でもそれは、どこか、他所事《よそごと》でしかなかった。そんなふうに、思い起こされる。死に接すれば、畏《おそ》れる。あたりまえだ。たいへんなことだもの。でも、ふだんはほとんど考えることもない。そう。死とは、私にとって、そんな曖昧で漠《ばく》たるものでしかなかった。
二〇一六年五月十四日、思いもよらぬ連絡を受けるまでは……。

しかも、みずから――。

わけがわからない……。

一緒の時間をすごしたのは、遠いむかし。ここ二〇年ほどは別々に暮らしていた。むしろ、疎遠ですらあった。なにせ、いい歳の男同士。しかも、お互いにもう、むくつけきオッサンである。私は、ささやかながら家庭をもち、曲がりなりにも独立している。だから、目の前の生活で目一杯、妻や子どものことで手一杯。弟は、私の思考の埒外《らちがい》に、いることがおおかった。最後にことばを交わしたのは、いつだったろう？　だから、彼の訃報も、最初はほんとに、他人事《たにんごと》のようにしか感じられなかった。現実味に乏しく、どことなく、ぼんやりしたものでしかなかった。強いていえば、息子を喪《うしな》う両親の心情を、さすがに、慮《おもんぱか》った。想像することすら苦しい、まさに、文字どおり筆舌につくしがたい感情が胸の裡《うち》に渦巻くのだろう。自分が同じ境遇に置かれたら、なにを思うだろう？　はたして、耐えられるのか？　絶望的に、むずかしそうだ。両親が、とても不憫《ふびん》に思えてならなかった。

しかし、そんなに、単純なはなしではなかった。家族の死に直面し、私はホンモノの、ナマナマしい、匂い立つような死を、目の前に容赦なく突きつけられたのであった。取り乱すことなく、淡々としていられる自分を想像し、期待していたけれども、現実は苛酷であった。心の奥底で、狼狽《うろた》えた。そんな自分にまた、動揺した。

私は考古学を専攻していた。だから、墓も発掘したし、遺体（ミイラ）と対面した経験だってある。その当時の私は、死と同じ空間を共有することがおおく、だから、死はいたるところに、あった。あまりに、ありきたりで、私はドライに死と向きあうことができる。いつしか、そんなふうに思うようになっていた。

――はずだったのだけれど、じっさいの死は、圧倒的なリアリティがあった。遺跡で出あう死は、考古学的な情報にすぎず、たくさん収集し、分析をするための、データにすぎなかった。それ以上でも、以下でもなかった。だから私は、冷静を保つことができた。

しかし、あたりまえのことだけれど、現実の死は、しかも近親者のそれは、まったくの別次元であった。ひとつ（掘り）終わったから、つぎ（の墓）へ。発掘調査のように、そんなふうに割り切るのは、とうてい、無理。わかっていた。わかっていたつもりだったけれど、正直、これほどとは……。思いもよらなかった。

しばらくは、よく、夢をみた。そもそも、あまり、眠れなかったかな。とりとめもなく、いろいろなことを考えた。それが夢であったのか、はたまた、現実であったのか？　そんなことすら、覚束《おぼつか》ない。弟の気持ちを推し量ろうと、がらにもなく、もがいた。その刹那《せつな》、彼はなにを思ったのだろう？　彼の気持ちに近づきたかったし、いろいろなことを妄想した。いってみれば、答えのない不毛な問答を重ねたのかもしれない。が、ともかく、絶えず、問いかける自分がいた。問いかけるしか、なかった。でも、問いかけるべき弟は、もう、いない。弟の身体は骨になった。けれども、彼の魂？　そう、魂は、まだ、どこかに残っている。その魂に語りかけていたのだろう。私にはそうするしか、なかった。ほかになにができたというのか？

なにも、感傷的に、そうであってほしいと願ったのではない。自然と、そこに、思いがおよんだのだ。だからこそ、月命日の前後には手をあわせに行くし、そのときには、なにがしか、霊前に語りかける自分がいる。まぎれもなく、弟の魂にはなしかけているのであり、そうせずにはいられない自分がいる。なにか、返答が聞こえてくるだろうか？　まあ、期待はできまい。だったら、語りかけても、詮《せん》なし。そのように割り切るのが普通だ。そんなことは、もちろん、わかっている。それでも、今月もまた、弟の眠る墓所に足が向く。訪ねないで済ませるなんて、いまのところ、ちょっと、考えられない。いつか、飽《あ》いてしまうのだろうか？　日常に追われ、思いは風化し、いつしかやめてしまうのかもしれない。でもいまはまだ、そういう事態に陥った自分を想像することにすら、疼痛《とうつう》を覚える。

1

そんなとき、しきりに、思い起こされた風景があった。ふと、よぎったそれは、いつしか私の脳裏を占拠し、すぎ去ることがない。バングラデシュの農村でみた一コマである。あくまで、私の個人的な経験であって、しかも、数年前のはなし。そのときはただぼんやりとやりすごしていただけの風景が、突如、私のなかでおおきな意味をもった。その意味するところが、スッと胸に染み込んできたのである。

バングラデシュ、ご存知だろうか？

一二億ものひとびとがひしめく、広大なインド亜大陸。その右の付け根に、ひっそりと息をひそめているのが、バングラデシュである。日本の四割にも満たない国土に、日本を超えるひとびとがひしめいているもんだから、人口密度は世界屈指。だけれども、ただひたすらに低平な土地柄だから、延々と、もうほんとうに延々と、農村がつづき、そこに、ただひたすら、ひとが住んでいる。そんなイメージをもっていただいても、構わないと思う。

ともかく、貧しくて、だから、出稼ぎに出る人があとを絶たない。日本にだって、おおぜい出稼ぎに来ているという。私の友人も、日本に出稼ぎに来て、そこで、いまの奥様と出あい、国際結婚した。お隣はバングラデシュ人。じつはそれは、とりたてて、めずらしいことではないのだ。

そんなバングラデシュ、宗教はイスラームである。そう、バングラデシュはもともとインドの一部だったのだが、イスラーム教徒がおおいということで、同じくイスラームが卓越《たくえつ》するパキスタンとともに、両パキスタンとして独立した。しかし、パキスタンはバングラデシュに対して、どこまでも威圧的であった。パキスタンの公用語・ウルドゥー語を、ベンガル語をはなすバングラデシュのひとびとに強要する始末。そんなパキスタンの抑圧に嫌気がさして（そりゃあ、さすでしょう！）、二度目の独立をはたし、現在にいたっている。じっさいに訪ねてみても、あまりイスラーム感のしないところが、バングラデシュらしいところだが、レッキとしたイスラーム国家なのである。

だから、というのもいささか短絡的だけれど、過激派による凄惨《せいさん》なテロと、どうしても、無縁ではいられない。記憶にあたらしいのは、二〇一六年七月一日に起こった、日本人七名を含む二八名が犠牲となったレストラン襲撃事件だろう。そもそも、バングラデシュは見所もすくなく、インフラの整備だって、おおはばに遅れているから、観光客が押しよせるような国じゃあない。だから、日本人はほとんど行かないのだが、そんなところにも、行くひとは、行く。国際協力などの、いわゆる仕事関連である。そんな献身的な方々が犠牲になられてしまったのだから、イタタマレナイ。ご冥福を祈るばかりである。

などと書くと、バングラデシュはやたらと物騒な国に映るけれど、けっして、そうではない。初代首相が暗殺されるという黒歴史も手伝って、どうしても、殺伐とした国民性が連想されてしまうけれど、サニ非ズ。温厚で、控え目なひとだって、たくさんいる。ある日のこと、農村を歩いていたら、幼い子どもが近づいてきた。可愛かったから、写真に収めようと、カメラを向けたら、ナ、ナント！　恥ずかしがって、コソコソ、物陰に隠れてしまったではないか！　カワいいなぁ、オイ！　でもコレ、とても、レアだと思う。フツー、子どもなんて、好奇心のカタマリ。私の経験では、「カメラ、ないの？　あるんでしょ？　写してよ！」という子どものほうが圧倒的多数派である。バングラデシュの子どもの、なんとスレていないことか。これは国民性なんだと思う。習慣の違いもあろうが、チップを要求されることも、ほとんどない。バングラデシュ人の奥ゆかしさに感動するほかはない。

感性の問題なんだと思う。バングラデシュ人は、日本人に近い感性をもちあわせているのだ。だからかもしれない、バングラデシュの主食はカレーだが、バングラデシュで、それこそ朝昼晩、カレーを食べても、ぜんぜん、大丈夫。バングラデシュのカレーは日本人の味覚の範疇《はんちゅう》にきっちり収まってくれるのである。あるときなど、バングラデシュ調査を終えて（もちろん、カレーを食べまくってきたけど）、成田から上野まで戻ってきて、栄えある帰国後初の昼食に、躊躇《ちゅうちょ》なく、カレーを選んだほど。そんなにも、心に余裕があったのだ。

これは、隣国インドとはおおいに違う。私はインドにも行ったことがある。本場のカレーは、一見、なんの変哲もないカレーで、フツーに食欲をそそられるのだが、日本人である私には、どーにもこーにも、重たかった。使用する油や香辛料の問題だろうか？　わずか、一週間ほどの滞在であったが、カレーを一切、受けつけなくなってしまった。いや、正直に告白します。ものの二、三日で、もう、ダメ。みるのも、イヤ。残りの期間は、ひたすら、さっぱりした食べものを探し求める自分がいた。最終日に駆け込んだ日本食レストランで、熟慮のすえ、私がなにを食べたかだって？　カツ丼です、カツ丼！　アノ、カツ丼でさえ（健康上の理由から、ふだんは忌避《きひ》しています）、妙にアッサリと感じられた。そして、帰国後、しばらくは、一切、カレーを食べなかった。これは断じて、加齢《カレー》のせいではない。食べられなかった。まったく、食べたくなかった。同じカレーでも、バングラデシュとインドには、かくも隔《へだ》たりがあるのだ。

2

そんなバングラデシュを、都合六回、私は訪れたことがある。え？　なんでバングラデシュになんぞ、行ったのかって？　私はこれでも一応、テーマをもって、研究をしている。酔狂にも学生時代、考古学に心酔した私には、発掘現場に顔を出すうちに、出土する「土器」にハマるという経緯があった。土器とは、粘土をこねて、焼いたもの。ただ、それだけ。とてもシンプルだから、逆にいえば、どこにでも、割とある。日本だと、縄文土器とか弥生土器っていうくらいだから、ほぼほぼ完全に過去の遺物。発掘でもしない限り、お目にかかれないシロモノだ。

だけれど、世界を見渡せば、いまだに土器をつくっているところは、ある。結構チラホラ残っている（拙著『土器づくりからみた3つのアジア』創成社新書）。バングラデシュにも土器は残っていて、そのつくり方を取材してやろうというのが、平たくいえば、私の研究テーマであった。だから、土器づくりの取材をするために、バングラデシュに通ったのである。

たしか、二回目の調査だったと記憶している。首都ダッカ郊外のCという村を訪ねたときのはなしである。C村には、いまも土器を生産する陶工が暮らしているのだ。ややこしくて申し訳ないが、イスラームの国であるバングラデシュにも、一割ほどのヒンドゥーが暮らしている。そして、ヒンドゥーには、カーストがある。肌の色の違いで身分が決まっているというアノ、悪名高き超差別的な身分制度であるが、ポイントは意外なところに。見逃せないのは、カーストによって職業が定められているということ。あるカーストに生まれついた者は、定められた職業を世襲していく。おもだった職業カーストとしては、大工、金属工、石工、織工、皮革工、陶工、象牙工、染織工、宝石工、漁師、屠者、料理人・菓子商、理髪師、花売り、水夫、籠職人、絵師などがある（中村元『古代インド』講談社学術文庫、一一一頁）。特定の職業を与えられれば、それを変えるのは厄介。なんせ、選択肢そのものが、最初から、ありゃあしない。どーしていいか、わかんないよなあ、そりゃ。で、でもって、旧態依然《きゅうたいいぜん》の現状《げんじょう》維持《いじ》。

念のためにくり返すが、バングラデシュでは、ヒンドゥーはマイノリティー《少数派》であって、マジョリティー《多数派》はイスラーム。イスラームにはカーストがないのだから、右にならえで、カーストなんてやめてしまえばいいのにと思わずにはいられない。でも、やめない。律儀といえば聞こえはいいが、たぶん、発想がないのだろう。のどかな農村で質素に暮らすぶんには、不満を覚えることもないのだ。

そして。土器をつくる陶工も、クマールとよばれる土器づくりカーストに属する。ほかのカーストは土器をつくらないので、いってみれば、一社独占。一攫千金《いっかくせんきん》は期待できないけれど、まあ、安定はしている。将来的にどうなるかはわからないけれど、とりあえず、いまのところ問題はない。だから、つづけるし、つづくのである。

C村にはクマールが集まって、土器をつくっている。土器生産は基本、世帯を単位とするが、二〇世帯ほどが、家族で粘土と格闘している。そうか、二〇軒か……。がぜん、C村における土器づくりの全貌を把握したくなった私は、各世帯への聞き取り調査を敢行した。

その過程で、である。

私は、めっぽう興味深い事例に遭遇することとなった。その家では、年老いた陶工が、それこそ肩で息をしながら、土器をつくっていた。後継者不在、風前《ふうぜん》の灯《ともしび》感満載の工房はすくなくないし、ここもそうかと思ったのだが、違った。立派な息子さんがいて、すこし前までは土器をつくっていた。でも、いまはいない。なんで？　彼は、ナ、ナント、夢のお告げにしたがって、呪医になったというのだ！　は？　呪医？　しかも、夢？

呪医とは、呪術によって治療行為をおこなう、いわば宗教的職能者である。呪術とは、精霊や霊魂の力を借りたり、あるいは悪霊をお祓《はら》いしたりすることで、ひとびとが抱える問題に対処する行為の総称である。呪術師は英語だとマジシャン（magician）ともいうから、胡散《うさん》臭いったら、ありゃしない。占いとかそういう類《たぐい》にめっぽう懐疑的な私は、呪術にはぜんぜん興味がなかった。最初にみたときは、思いっ切り、ほぼ全力でスルーしてしまった。そのときは、土器を追いかけるのに夢中だった。

しかし——。

弟は死んでしまったけれど、それでも、彼の魂はまだどこかにあるのではないか？　否、そうであってほしい。できれば、はなしをしたい。聞きたいことは山ほどある。そんな感覚にとらわれた私にとって、霊魂の存在を前提とする呪術は、もはや他人事ではなくなった。すでに眺めていたはずの風景は、その意味あいを一変させた。ぼんやりとしていた風景が、突如、鮮明な像を結んだ。スッと、胸に沁み込んできたのである。もはや、無視することなど、できない。バングラデシュの僻村《へきそん》の呪医は、またたくまに、私の脳裡《のうり》を占拠してしまったのであった。

3

呪術を眉唾《まゆつば》なものとしか思っていなかったそのときの私は、純粋に、怖いものみたさで、呪医のもとを訪ねてみることとした。いまにして思い返せば、完全なキマグレ、興味本位にすぎなかった。

「オイオイ、マジっすか?」と、オッカナ、ビックリ、彼の診療所(?)の所在を尋ね、訪ねてみたら――、ホントにありました! ひとも羨《うらや》む象牙の塔とはいかないが、簡素ながらも小奇麗で清潔感のある建物が、ありました、ありました。

呪医の診療所

順番をまつひとびと

しかも、屋根架けしてある待合所のベンチには、順番をまつひとびとのすがたさえ！　彼ら／彼女ら、どっからどーみても、具合悪そう。そんな患者さんが、列をなしている。そう、ここは、「行列のできる診療所」なのだ！

診療所には看板が。看板冒頭には、いきなり、「狂人（パゴール）Ｎ」などと書かれている。Ｎとは呪医のイニシャルだが、自ら狂人と謳《うた》うたぁ、いったいぜんたい、どういう神経してんだよと、ドン引きしてしまったが、これは、ベンガル語の問題であった。ベンガル語の「狂人」には、「超人」、「変人」の意味も含まれるのだとか。つまり、「ひととは違うことができまっせ！」というアピールであり、転じて、パゴールは、呪術的職能者をさす呼称となっている。

「無くしたものに、治療法はありません」

看板には、そんなことも書いてあった。この一文はとても示唆に富んでいると思う。「無くしたもの」とは、つまりは「失《う》せもの」である。「失せもの」ということなら、どこかで、耳にしたことがあるぞ？　そうだ、呪術師やシャーマンとよばれるひとびとが「失せもの」を探してくれるというはなしを、どこかで読んだ記憶がある（後述）。もちろん、なにかを無くしたときに、呪術師に相談するという発想を、私自身はもちあわせていない。しかし、呪術師の存在する世界では、「失せもの」探しは、呪術師の領分《りょうぶん》なのである。しかし、N氏はどこまで、自覚しているのだろう？　訊《たず》ねてみたところ、彼自身は、呪術があること自体、認識していなかったという。おそらく、その通りなのだと思う。しかし、彼のやっていることは、まるっきり、呪術そのものであって、典型とさえいえるのである。
そして、「治療法」のくだりである。そう、彼は、「治療」するのである。ベンガル語の「治療」には、「施術」という意味も含まれるそうだ。だったら、彼のやらんとすることは、広義の医療行為であり、よって、彼は呪医だ。そのように見做《みな》しても、いいと思う。

え？　じゃあ、彼は医学部卒？
いいえ、ぜんぜん、違います。

彼は、土器づくりのカーストに生まれ、だから、純然たる陶工であった。だからこそ、私のアンテナに引っかかってくれたのだけれど、けれど、呪医に転職したのだ。呪医になるための国家資格など、もちろん、ない。彼は、あるとき夢をみた。夢のお告げにしたがって、呪医として開業した。ただ、それだけ。だから、もちろん、特別な研鑽《けんさん》を積んだということもなく、でも呪医となって、治療をする。もちろんそれは、近代医療でいうところの治療とはまったくの別物。というか、根本的に、近代医療のモノサシでは測れない、いわば常識を超えた、非常識な行為。それが、彼の施術にほかならない。

看板にはほかに、「お風呂に入っていないひとはお断り」という記載もある。これは、ヒンドゥーとのからみで、出てきた言葉だと思う。ようは、「身体を清めてから、受診してほしい。ちゃんと沐浴《もくよく》してきてよね」、ということなのだろう。ようするに、水で清めるのだが、これはなにも、ヒンドゥーに限ったことであるまい。たとえば、日本の神社にある手水舎《ちょうずしゃ》。あれだって、参拝の前に手を清めるためにあるのであって、意図するところは、沐浴と一緒だ。彼が狂人だなんて、トンデモナイ！　彼は、至極《しごく》まっとうなお願いをしているにすぎない。

N氏は取材当時で五〇歳、いまは五五歳くらいだろうか。C村の外で働いた経験をもたない、生粋《きっすい》の村民である。陶工の家に生まれ、なんの疑問ももたず、あたりまえのように、陶工になった。陶工だったときに、結婚もしているが、二〇代後半で夢をみて、呪医になったという。どんな夢だったんだろう? 気になってしょうがないが、夢の内容について、彼は頑《かたく》なに口を閉ざす。夢のお告げは神聖なものであって、他人にペラペラと吹聴《ふいちょう》するようなものではない。そんなふうに考えているのだろう、さもありなん。

ともかく、夢をみて、それにしたがった。そのときすでに結婚しており、家庭もあったのに、転職に踏み切ったのだ。なかなかに、勇気の要《い》る決断であるが、どうやら、呪医の仕事はソコソコ儲かるらしい。彼は、公式には、報酬の金額を設定していない。患者さんが置いていくわずかな金銭を受け取るだけである。いわば、お布施《ふせ》や賽銭《さいせん》のようなものであり、だから、儲かるといってもタカがしれているかもしれない。しかし、陶工の仕事よりは、イイ。どうも、そういうことらしいのだ。事実、父親や家族は、彼が呪医へと華麗な転身(?)を遂げることに、とりたてて反対しなかったそうだ。呪医の仕事でえた収入で、診療所も建てたみたいだし。

夢のお告げをきっかけに転職してしまった事実もさることながら、それを受け入れてしまうC村の包容力も、やっぱり、すごいと思う。N氏が文字通りの狂人になってしまわないのも、ひとえに、C村のひとびとの理解があってこそ。村びと総出で、呪医が育まれた事実に、感銘すら、禁じえないのである。

4

さて、さて。

呪術の内容である。なんたって、夢のお告げで誕生した呪医。その施術たるや、さぞや、オドロオドロしいのではあるまいかと、みたいような、みたくないような……。でも、まあ、じっさいに患者さんだっているし、診療を隠しているふうでもないし、大丈夫でしょう。おっかなびっくり、診察室を覗《のぞ》いてみたら——。

呪医の診療（？）風景

ハイ、拍子抜けしてしまうほど、フツーでした！

壁際に簡素な祭壇がしつらえてあるが、そこに羊の生首が鎮座しているなどというブッ飛んだ光景が目に飛び込んでくるなんてこともなく、いたって、フツー。傍《かたわ》らに控える患者の眼前で、金属製の皿に花弁をいくつか捧げ、水を振りかけながら、N氏はなにやらブツブツと唱えている。そう、祈っているだけ。そして、ものの数分で祈禱《きとう》が済むと、おもむろに花弁を紙に包み、患者に手渡していたものの、これで、診療は終わり。

へ？　終わり？　はい、終わりです。

呪医であるN氏は、生粋のヒンドゥー教徒。じゃあ、ヒンドゥーの教えと呪術は矛盾しないのかしらん？　心配ご無用。彼は、ヒンドゥー教徒として、ヒンドゥーのしきたりに則った祈禱をしているだけなのである。っていうか、氏は夢をみて、それで呪医になっちゃったもんだから、特別な修行なんぞ一切していない。だから、フツーのことしかできない。だったら、村のヒンドゥー寺院に行けば、それで済んでしまうのでは？　N氏は要らないでしょ？　部外者の私などは、ついつい、そんなふうに思ってしまうのだが、そうではないのだ。なによりも、患者さんがN氏を求めている。求めているからこそ、行列しているのである。にわかには納得しがたいが、すくなくともC村においては、呪医が必要とされている。だから、呪医を望む集団心理が、そこにはたしかに、存在すると見做すべきだ。そして、この事実は動かしようがない。N氏がひとり、素《す》っ頓狂《とんきょう》な行為に耽《ふけ》っているわけではないのだ。村びとは今日もまた、診療所に行列をつくる。

なぜだろう？

通常のヒンドゥー教ではカヴァーしきれないなにかを、呪術が補っている。そのように考えざるをえないと思う。一般論として、宗教はさまざまな局面で、ひとを救う。だから、なくてはならないもの。そのように考えるひとびとの期待に応えるべく、教義を洗練させていこうと、躍起《やっき》になる。ひとびとの規範となるべく、より一層の高みを目指す。宗教とは、そういうものなのだろう。

しかし、高みを目指せば目指すほど、宗教は様式化し、格式ばってしまう。たとえば、仏教。お釈迦さまは悟りを開くための「法」を説いたのであり、ほんらいそれは、男女問わず、だれにでも平等に開かれたものであった。しかし、お釈迦さまが亡くなると速攻《ソッコー》、「権威主義化」し、「在家や女性が差別されるようになった」というのである（植木雅俊『仏教、本当の教え：インド、中国、日本の理解と誤解』中公新書、六一頁）。宗教の組織といえども、あるいは、だからこそなのかもしれないが、序列や格差が強調されていく定めにある。

このような事態は避けられぬものなのだろう。宗教が複雑になればなるほど、フツーのヒトは、疎外されてしまう。エラ〜い専門家の説法に、ひたすら耳を傾けなければならぬ。文句をいったら、バチがあたる。反論など、もってのほか。

でもねぇ……。しかし、それだと、ちょっと、さびしいのだ。自分が抱えている個人的なトラブルに、同じ目線で、一緒に向きあってほしい。より添ってもらいたい。ささやかだけれども、切実な願い。そんな心のスキマを、スッと埋めてくれるのが呪医なのだ。N氏はそんな、かけがえのない存在なのであろう。

N氏は、村びとから、尊敬を勝ち取ったらしい。アカラサマに報酬を要求することなく、真摯《しんし》に、呪術をしてくれる。ムスリムの相談にも気さくに応じているらしく、宗教の垣根を越えて、頑張っている彼を尊敬しているひとはすくなくないという。じつは、C村には、近代医療を専門とする医者もいて、薬も処方してくれるのだとか。しかし、N氏は薬草を調合することすら、しない。そもそも、バングラデシュの通念では、薬草を扱うには、それこそ、資格が必要とされる。資格をもたぬN氏は、律儀にルールを遵守《じゅんしゅ》しているにすぎない。だからN氏は、薬草に手を出さない。出したくとも、出せないのだ。でも、だからこそ、通常の医者とも競合することなく、うまくやってきた。N氏は、いたって、常識人だ。

でもね、すこし、厄介な状況にもなっているらしい――。

N氏の評判を聞きつけて、首都・ダッカからも、高級車で乗りつけるひとまであらわれた。それはそれで、たいへん喜ばしいことなのだが、人間は嫉妬《しっと》するいきもの。田舎に高級車は目立ちすぎた。出る杭は打たれる。大半の村びとはN氏を敬愛してやまないのだけれど、ごく一部のひとはやっかんでしまうようになった。そういうの、ある、ある！　はては、週刊誌にあることないこと書かれ（ズバリ、悪口だったらしい)、思いもよらず、辛辣《しんらつ》な毀誉褒貶《きよほうへん》にさらされてしまったというのである。ガンバっているのに、ディスられたら、たまらない。

N氏は、すべてを悟った解脱者でも、神に選ばれし預言者でもない。いたって、フツーのひとなのだろう。週刊誌の批判的な記事に心を痛め、すっかり、疑心《ぎしん》暗鬼《あんき》に陥《おちい》ったと聞く。カメラ片手に、取材に行こうものなら、貝のように押し黙ってしまう時期もあったのだとか。そんなN氏の葛藤は、とても人間臭いもののように、私には、思えるのである。

なお私は、これまで、取材地や取材対象を、実名で報告してきた。だって、モンダイないと……。でも、今回ばかりは慎重にならざるをえない。かくて、C村のN氏という表現とあいなった。C村については、土器づくりについてのレポートをすでに書いちゃったから、完全に手遅れなんだけれど、N氏を取り巻く厄介な状況を思えば、実名をあげるのは、たいへんに憚《はばか》られた。察しのついてしまった、察しのよい読者賢者のみなさま、どうか、察してやってください。

祈禱で病気が快復《かいふく》する。

5

なぁーんて、そこまで楽天的に考えているひとは、さすがに、ほとんどいないだろう。何人かの患者さんにもはなしを聞いてみたのだが、ほんとうに困ったら、町の病院に行きたいというのが本音である。C村は首都ダッカからそんなに離れてはいない。でも、バングラデシュは雨季の洪水が激しいお国柄。毎年、毎年、洪水のたびに道路網が寸断され、孤立してしまう農村もすくなくなく、C村もそのひとつ。そんなとき、船やバスを乗り継げば、町まで出ることは可能。でも面倒臭いし、お金もかかるし。だから、ガチでキツければ、万難を排し、万障《ばんしょう》をくりあわせて、ちゃんとした町の病院にまで足を運ぶ。けれど、ちょっとした体調不良くらいならば、Nさんのところでいいんじゃないか、安いし、お手軽だし。気休め？　そう、ぶっちゃけ、気休めなんだけれど、それで村びとも納得しているし、また、N氏もそんな村びとの要望に応えた格好だ。双方合意のうえで、呪医が生まれ、また、その存在が許容されているのである。

そんな、ゼツミョーなバランスのうえに、N氏は立っている。歓迎されてもいる。私にはそれは、C村だからこそのキセキに思われてならない。バングラデシュ郊外の、孤立した、小さな村。その片隅にひっそりと暮らすヒンドゥーのコミュニティー。カーストを墨守《ぼくしゅ》する彼らは、さらに孤立を深めていく。しかし、孤立が深まるからこそ、伝統的な世界観も濃縮されていくのではあるまいか？C村でも、出稼ぎのはなしをよく耳にする。だから、彼らは、都会の経済原理と無縁ではない。ちゃんとしっている。にもかかわらず、C村のヒンドゥー・コミュニティーの価値観が堅持されるのだから、面白い。

そもそも、イスラーム社会の片隅で、ヒンドゥーを守ること自体、とてもたいへんだと思う。とても皮肉だけれど、彼らの強みはカーストにある。カーストでは、生まれながらに、職業が決められている。息苦しいったら、ありゃしない。世襲という因習にがんじがらめに、からめとられているのだが、その制約はあくまで社会的なものであって、彼らの個人的な思想にまでは、およんでいない。

ココが、ミソ。

とある本に書いてあった（重松伸司・三田昌彦編著『インドを知るための50章』明石書店）。カースト制度とは、ヴァルナ（種姓・出自）とジャーティー（血筋・職掌《しょくしょう》）で成り立っている。前者は四〜五に固定されているのに対し、後者は無限に拡張していく。つまり、あたらしい職業が社会的に発生しても、どんどん取りこんで、「カースト上のランキングのどこかに位置づけられてしまう」（九三頁）という。

こうした、なんでもかんでも呑み込んでしまう「包摂性《ほうせつせい》」は宗教面でも遺憾《いかん》なく発揮されている。ヒンドゥー教は「多神教」であって、「異質な神々を取りこんで、ヒンドゥー教義のどこかに位置づけ」（九四頁）てしまうのだ。

状況にあわせて融通無碍《ゆうずうむげ》に変化するヒンドゥー社会の包摂性は、宗教面では多神教としての寛容さをみせつつ、職業においては「職能を細かく規定し、同時に社会経済的な役割を付与する」（九五頁）という厳格なカースト制の形で発露《はつろ》したのである。

そうなのだ。彼らは、職業の自由を放棄するかわりに、すべてをそのままに呑み込んでしまう多神教という旗印《はたじるし》のもと、思想の自由だけは死守したのである。

そんな自由な思想があるからこそ、伝統的な価値観だって、色濃く温存される。だからこそ、現代の経済原理や価値観が忍びよるC村においてさえ、呪医を求める心性が失われることはなかったのである。

夢をきっかけに呪医が生まれたというあたりも、一笑に付すわけにはいくまい。「夢のお告げで呪医になりました！」などと、現代の日本で発言することを想像してほしい。無視されるか、精神科への通院を勧められるか。そんなところが、関の山。はかばかしいリアクションがえられるなんて、期待してはいけない。けれど、C村のヒンドゥーたちは違ったのだ。N氏の診療所に並ぶひとびとは、大なり小なり、夢見によって覚醒《かくせい》したN氏を認めているのだ。「そんなひとがいてもいい」という価値観を、たしかにもっているのである。

たまたまN氏は夢をみて、たまたま呪医になった。これを、ただ単に、たまたまの偶然と片づけるべきではない。呪医が誕生すること自体が驚きだけれども、そんなN氏を歓迎し、N氏の呪術的活動が許容された事実にこそ、着目せねばならぬ。呪医を認める社会が、現代の世界において、存在しているのだ。

この、インターネットが世界津々浦々《つつうらうら》にまで浸透した、グローバルなこの現代において、ですよ？

夢をみて呪医になり、呪医は体調不良者のために祈り、そんな呪医にすがる村びと。どれもこれも、われわれからみれば、腑に落ちない、常識を超えた、いわば、超自然なものだ。一応、大学で勉強し、月並みな社会生活を送っている私自身は、そうした超自然の現象、どうにも説明のつかない事柄からは、目を背けてきた。背けるのがあたりまえだと信じて疑わなかった。もし、呪医が身近にいても、積極的にかかわることはしなかっただろう。否定的な、ごく月並みな反応をするだけであったと思う。完全にしただろうな、たぶん。

しかし、いまとなっては——。

それはできなくなった。弟の訃報に接し、狼狽え、彼の魂の存在を、ぼんやりと、でも、たしかに望んでしまった私。私のこの感覚と、N氏を歓迎するC村のひとびとの心性とのあいだに、いかほどの違いがあるのか？　折にふれて、考えてはみるんだけれども、違うと断定する論拠を、いっかな、思いつけない。考えれば考えるほど、違いはみえてこない。むしろ、C村のひとが呪医を求める感覚と、私がいまぼんやりと抱いている感覚は、とどのつまり、同じではないか？　ひとがほんらいもっている、深層心理のようなものではないのか？　いつしか、そんなふうに納得している自分がいた。弟の死は私の心の裡のなにかを、それがなにか判然としないけれど、どうも、確実に変えてしまったらしい。

——だから。

「呪医のいる風景」

客観的に眺めていたはずのその風景の片隅に、どうやら、私は描き込まれてしまったようだ。否、はっきりと、そう感じるのである。だれがなんといおうと、私の主観がそれを望む。心から、ほっするのである。

そして、そんな風景はどうも、バングラデシュだけのものではなさそうだ。それは、ひとがつくりだしたものである。なにも、高尚な宗教概念を前提とするものではない。宗教としてのヒンドゥーは、別に、ちゃんとある。そうでないところから、呪医が立ちあらわれてきたのだ。そうでないところ、そこには、彼らが根源的にもっている世界観が息づいているのだろう。そして、同様の世界観があれば、いつでも、どこにでも、浮かび上がってくるのが、「呪医のいる風景」なのである。そして、私がそんな風景に共感を覚えたとすれば、呪医を揺籃《ようらん》する世界観は、私の裡にも確実にあったのだ。そうとしか、もう、考えられません。

6

「呪医のいる風景」にすっかり心を奪われてしまった私は、そんな風景を、もっともっと、みたくなった。みずには、いられなくなった。そこで、再度、バングラデシュを訪ねることとした。まずは、N氏のところだ。その後、どうしているだろう？

若干の経年変化は否めないが、ちゃんと、N氏の診療所は存続していた。まずは、再会の挨拶をせねば。

こんにちは、ご無沙汰してます――あれ？　お隣の方は？

ああ、息子さんですかぁ……。え？

そうなのである。N氏、自らの診療所を息子に継がせる気、満々なのだ。もちろん、大事なことを質《ただ》さずにはいられない。

息子さんは、夢をみたんですか？

答えはノー。……え？

駄目じゃん、Nさん。ちょっとは動揺しておこうよ、そこは。

でもね、それでもね、問題ないというのである。N氏が創業した呪医という職は、ひとつの職業として確固たる位置づけを与えられて、息子へと世襲されていくのだ。そこには、周囲の承認も欠かせないだろう。このはなしをしているとき、診療所には第三者のすがたもあった。N氏が息子に呪医を世襲させることを、周囲の人間は当然のこととして頷きながら、なにもいわずに、聞き流しているだけ。
どうやら、承認はもう、取りつけてしまったようだ。

ま、それは、さておき。
もう一度、彼の施術を確認しておこうかなっと――。
あれ？　ずいぶんと、雰囲気、変わってません⁇

そうなのである。前回みせてもらった祈禱は、もう、やっていないという。
アレはアレで、望まれたものではなかったのか？
いまは、もう、そうじゃないみたい……。
では、なにをしているのだろう？

診察室（？）で患者と対峙したN氏は、患者の悩みごとを聞いている。その後、ノートと思われる紙を、ホームベースのような形の五角形に切り出す。おおきさは長軸で五～六㎝、手のひらに収まるサイズである。その切れ端に、赤褐色の顔

紙片になにやら書きこむN氏

料を使って、タテヨコの線を引く。その升目のなかに、なにやら、書き込んでいく。なんだか、アラビア語っぽい文字を書いているような……。でも、だれにも判読できない。で、それを患者もツッコまない。傍目《はため》にはマッタク理解できない信頼関係が、キッチリと構築されているのであり、呪術行為が成立してしまっていることがわかる。

そして、その紙片をどうするのかというと、折りたたんで、細い金属の筒に収めるのである。収めたあとは、開いた口に封をしてしまう。そして、この金属筒には突起があり、紐を通す管となっている。つまりは、ペンダントや腕輪のようにして身につけるものであり、つまりは、N氏はいまや、「お守り」をつくっているのである。

N氏はおおくを語らないが、どうも、村びとのリクエストに応えて、お守りをつくるようになったようだ。これまで、おこなっていた祈禱は、もう、しなくてもいいんだろうか？　私はN氏のことを呪医であると認識していたが、もう、そうした理解では追いつかないようだ。彼は呪術師とよばれるのが相応しい。「陶工、医者になる。」と銘打《めいう》って、学会発表もしたし、レポートも書いちゃったよ……（拙稿「陶工、医者になる。」『教育と研究』〈早稲田大学本庄高等学院研究紀要〉第三五号、一七〜二五頁）。しかし、呪術と向きあおうとするなら、今後は、こういうことも覚悟しておかなければならないのだろう。呪術とはまさに、その場その場の、その場限りの真剣勝負なのだ。呪術師も全身全霊でことにあたり、その結果、やってることが変化したとて、さしたる問題ではない。呪術とは、かくも、移ろうものなり。だから、捉えどころがない。あくまで茫洋《ぼうよう》としたものなのであるが、それこそが、呪術の本質といえるであろう。

そして、こんなことも、思った。

そもそも夢をみて、呪術師となったN氏。夢をきっかけにしているのだから、そのあるべきすがたはN氏の頭のなかにあるのであって、余人にはわからない。いわば、氏の創意工夫に負うところがおおきいと、私は勝手に思い込んでいた。しかし、違うようだ。呪術とは、とにもかくにも、周囲のひとびととの信頼関係のうえに立脚するのである。である以上、信頼を勝ち取らねばならず、よって、

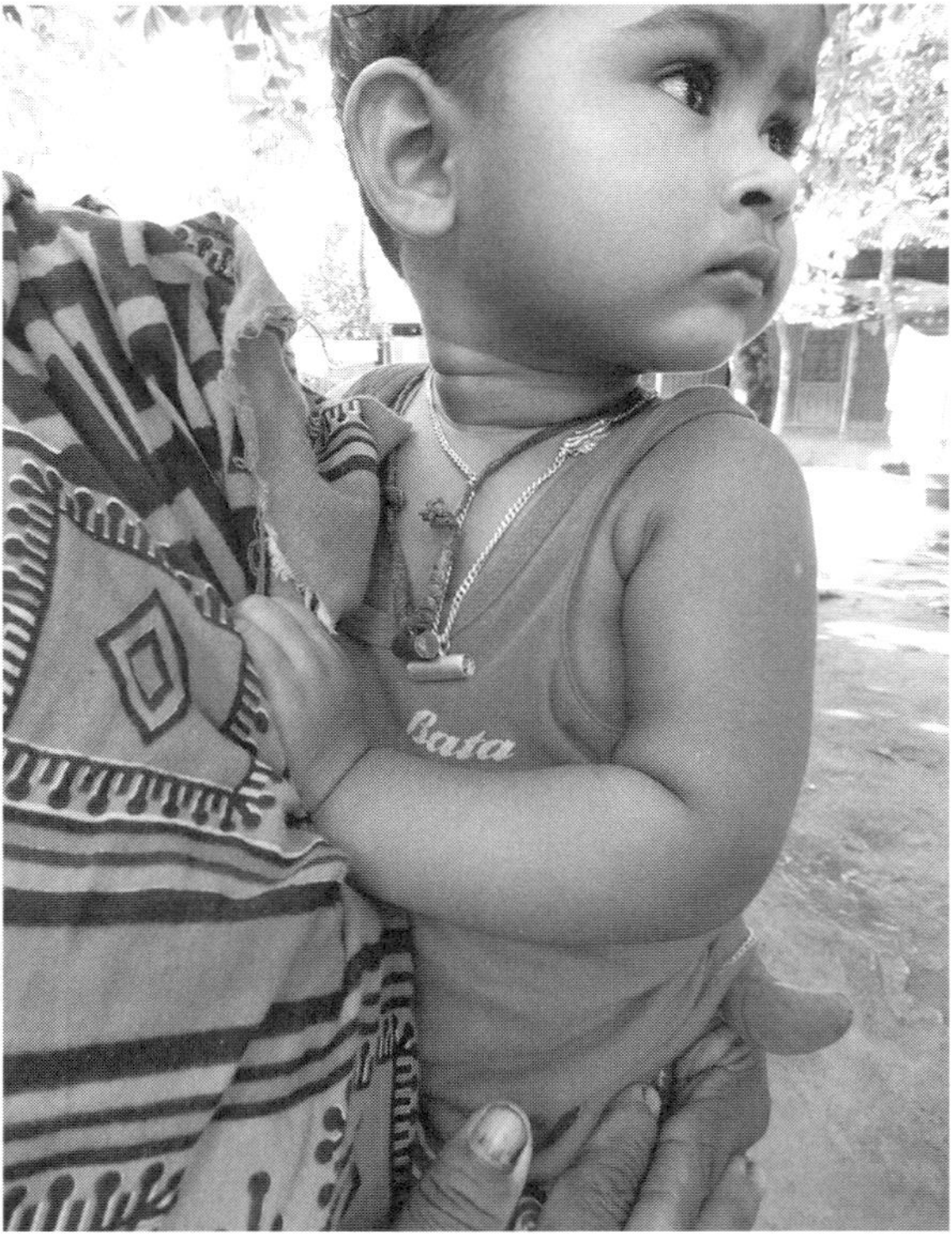

子どもの胸に下がっているのがお守りである。

リクエストに応えることが絶対条件となる。いやいや、勝手に応えちゃっていいの？　ちゃんとできているの？　なんて、ツッコんではいけない。呪術的行為の成立は、それを享受する者の納得が前提なのであり、その前提がある以上、その場ではなんでも起こりえる。なにが起こっても、不思議はない。呪術を考えるうえでは、呪術師が周囲と築く関係性にこそ、忖度《そんたく》する必要があるのだ。

7

ほんらい、厳格な一神教でしられるイスラームにおいては、「神以外の超自然的な存在の助けを借りて目的を達成しようとする行為」は「呪術（スィフル）」とされ、「多神崇拝」とならぶ「大罪」であると見做される（大塚和夫ほか『岩波イスラーム辞典』岩波書店、四八一頁）。つまり、イスラーム社会にあって、呪術は完全否定されているのだ。では、やはり、呪術師が存在することなどありえないのだろうか？　否、バングラデシュのイスラーム社会では、じっさい、呪術師が活動している。彼ら／彼女らは「コビラージ」とよばれているが、まぎれもなく、ムスリム／ムスリマだ。コビラージは、イスラームの信仰に身を置きながら、呪術に勤しむのである（拙稿「コビラージ：バングラデシュにおけるイスラームの呪術師」『埼玉学園大学紀要（人間学部篇）』第一七号、七五～八六頁）。

世界を見渡せば、いまも呪術的慣行が根深く残っている例は、けっしてすくなくない。たとえばバングラデシュ・ヒンドゥー社会にも、「パゴール」とよばれる呪術師がいることはすでに紹介した（N氏）。私が調査した限りにおいて、パゴールはヒンドゥーの教えを逸脱することがない。なるほど、「自然崇拝的」で、「一種の多神教」ともされるヒンドゥーが呪術と親和的であるのは、おおいに頷けよう。

で、あればこそ、呪術を強く忌避するイスラーム社会の呪術師・コビラージがどのように折りあいをつけているのか、気になって、気になっちゃって、しかたがなくなってしまった。そこで、コビラージにあうために、バングラデシュはマグラ県というところに行ってみた。三名のコビラージを取材するためである。

D村で出あったM氏は男性で、二〇一七年夏の時点で、四一歳である。あるときM氏は夢をみた。驚くべきことに、その夢にはアッラーが登場したという。そんなキョーレツな夢をみた彼は、モーレツに自らの使命に覚醒し、呪医となることを決意する。爾来《じらい》、M氏はコビラージと自認し、また周囲からもそう認められて、独自の医療行為をくり広げることとなったのである。

農業を主産業とするD村には、病院がない。一五㎞ほど離れたマグラ県の中心地まで行かないと、医療機関を受診することができない。呪医としてのM氏の存在意義は、けっして、ちいさくはないのである。

D村の人口は二五〇〇ほどであるという。主体はヒンドゥーとなっており、三分の二を占める。二〇年ほど前から村に移り住みはじめたというムスリムは、人口の三分の一にとどまっている（M氏は一二年前にD村に移住した）。ヒンドゥーとムスリムのあいだに通婚関係こそ認められないものの、とりたてて敵対しているということもない。じっさい、ヒンドゥーもM氏のところに相談に来るといい、異教徒からの信頼も篤《あつ》い。ムスリムとヒンドゥーを差別することなく、困っている者がいれば手を差し伸べる。それは、M氏のモットーである。そんなM氏は請われれば、どこにでも、足を運ぶ。週に一度はダッカまで往診に行くと

呪医M

いい、チッタゴン（ダッカの南東二〇〇㎞）にまで出向いたことだってある。

M氏の語りによれば、夢にあらわれたアッラーは、彼に病気の治し方を教えてくれたという。彼はそれを実践しているにすぎないのである。診療・施術にあたっては、まず病気を特定しなければならないが、その際、M氏が卜占《ぼくせん》に手を染めることはない。くわえて、触診《しょくしん》などの医療技術・知識をもちあわせているわけではないので、患者の自己申告を全面的に受け入れているという。なお、M氏を頼ってくる患者のおおくは、すでにほかの医療機関を受診していることがしばしばである。近代医療では症状が改善されない場合に、M氏にすがってくるのであり、そのような場合にはすでに、なんらかの診断が下されている。その診断をちゃっかり参照しつつ、M氏は医療行為をおこなうのである。近代医療を排除することもなければ、無視することもない。絶妙な距離感を保ちつつ、呪術と近代医療は共存をはたしてしまうのだ。

なお、一八歳から五年間ほど、軍事関連の仕事に従事していたM氏が、アッラーの夢をみたのは二三歳のときであった。彼はアッラーの夢を二回、みたという。その後二五歳で結婚し、娘四人、息子二人に恵まれている。M氏は自らの職能を息子に継いでもらいたいと願っている。たとえ息子がアッラーの夢をみなくとも、継ぐ意志さえあれば、彼はコビラージになれるという。なお、女性がコビラージになることも可能であり、じっさいに女性のコビラージも存在する（後述）。そのような事例をしりながらも、娘ではなく息子に、M氏は継いでほしいと考えているのである。

M氏自身が敬虔《けいけん》なムスリムであるため、金曜日は休診となっているが、それ以外の日は毎日、診療をおこなう。相談に来る者があれば、基本、応じるという。診療時間は一一時から一六時が中心である。とくに火曜日と土曜日が重要な曜日とされるが、M氏自身はその意味を説明できない。おおいときで一日に一〇～二〇名ほどが相談に訪ねて来るというが、患者には男性も女性もいる。彼は自宅の一室で開業している。自宅には、人目を惹くような看板の類は設置されていない。M氏は携帯番号を開示しており、噂を聞きつけた患者がそこに電話してくるという。つまり、ケータイやスマホが普及浸透するほどの現代的な空間に、ひっそりと、でもしっかりと、呪術師が活動しているのである。

診療報酬は基本的に無料であるが、患者が御礼としてさまざまなものを置いていく。金銭を支払おうとする患者もいるというが、彼はそれを拒否しない。一方で、彼の自宅は患者の篤志《とくし》を募《つの》って建てられたという。のどかな農村にあっては、現金よりも、ときとして現物のほうがおおきな意味をもちえる。どうも、そういうことらしい。

彼の呪術的医療行為の中心は薬の調合である。材料は木の葉であるといい、葉を乾燥させ、すり潰し、パウダー状にしたものを処方する。さまざまな種類の葉を利用するが、症状によって使い分けているのだとか。処方するべき葉の選択に際してM氏は、『コーラン』の記述を参照にするという（どこをどう参照するかは、いくら訊ねても、要領をえないのだけれど……）。『コーラン』を参照するものの、調合の過程で『コーラン』の一節を唱えるというはなしは聞かれなかった。呪文を唱えた「呪薬」とまでは見做せないだろう。

M氏の呪術的医療行為の成果について、紹介しておきたい。ある女性は、食道から胃にかけての疾患に悩んでいた。病院にも行ってみたが、なかなか改善しなかったため、M氏を頼ってきた。M氏が処方してくれた薬を服用しはじめたら、症状が芳しくなったという。ただし、完治にはいたっておらず、彼女は現在なお、通院中である。通院の際には、食事などを用意して持参し、それと引き換えに、薬をもらうのだという。

別の患者（男性）は一〇年ほど前、胃痛に悩まされており、病院にも行ったが治らなかったため、M氏のもとを訪ねた。二カ月ほどM氏が処方する薬を服用したら、胃痛が治ったという。なお、この男性患者の場合、薬が処方されたほかに、食べてよいものと悪いものが指示されたり、辛いものは食べないように指導されたという。

総じて、M氏にかかった患者は、その結果に満足しているようだ。しかし、症状が改善せず、不満を覚える者も皆無ではない。

村にはモスクがあって、イマームが常駐している。イマームとは金曜礼拝などを司る、モスクの責任者であり、いわば司祭である。村落におけるイスラームの権威者たるイマームは、M氏の呪術的行為をどのように思っているのだろうか？

D村のイマームは村外から招かれた。村から給料を支給され、食事も用意してもらうという。敬虔なムスリムであるM氏自身、モスクの仕事も積極的に手伝うといい、イマーム不在の折には、M氏が代行を務めるという。ムスリムとしての責務を全うし、なによりも村民の信頼を勝ち取っているM氏。そんなM氏が木の葉から調合した薬を村民に配ることを、イマームは黙認している格好である。『コーラン』を参照するとはいえ、M氏の行為は呪術にほかならない。そもそも、夢でアッラーと対面するなど、正統なイスラームの教えからすれば僭越《せんえつ》にすぎる。看過することなど、ほんらい、とうてい、できないはずだ。でもね、D村のイマームはこれを、思いっきり、見逃すのである。思うに、イマームはいずれは村を出ていく定めにあり、村の慣行にまで踏み込むつもりはないのだ。村に扶養されるイマームにとって、それは穏当で無難で、大人な判断ともいえよう。かくて、イスラームを受容した村にも、呪術的慣行が温存されるというわけである。

8

P村のR氏も、夢見によって、コビラージになった。R氏は六〇歳、男性である。R氏はいまから二〇年前、四〇歳のころ、夢をみたという。夢をみたとき、彼は左半身不随の状態であった。半身不随に陥ったとき、R氏はもちろん、医者にかかった。かかったけれども駄目で、藁にもすがる思いで、五㎞ほど離れた場所の別のコビラージを訪ねたが、やはり症状は改善しなかった。途方に暮れていた彼を救ったのが、夢であった。夢には、アッラーがあらわれた。既述のM氏と同様にR氏も、夢にあらわれたのはアッラーであると語っている。

氏はアッラーの登場する夢を一回しかみていないが、そのとき、アッラーにとある薬草（葉）を教えられた。アッラーのお導きに背《そむ》くなど思いもしなかったであろう。そして、じっさいに服用してみたところ、病気（左半身不随）が治ったというのだ！　たしかに、現在のR氏は、健常者にしか、みえない。

このような鮮烈な体験をしたR氏にとって、コビラージとなることはごくあた

呪医R

りまえの選択であった。

コビラージとなる以前、彼は農業に従事していたが（米、麻の栽培）、家業は家族に任せ、現在はもっぱらコビラージとして活動しているのである。

R氏は娘六人、息子二人に恵まれたが、コビラージの職能は長男に継いでほしいと考えている。なんでも、娘は嫁いでしまうので、息子に継がせたい。そんな理屈のようだ。長男は現在三八歳であり、家業である農業に従事しているが、時折、父親の仕事を手伝うという。彼は夢をみていない。そしてこれからみなくとも、コビラージになることができる。R氏はそのように考えている。ただし、R氏は元気なうちは、コビラージの仕事をつづけるつもりだ。

R氏は金曜日も含め、毎日、診療をおこなう。とりわけ、蛇に咬《か》まれた咬傷《こうしょう》に対する治療を得意とする。これまで、じつに四六七件もの蛇咬傷に対応し、全員を治癒させた実績がある。なお、彼の認識では、蛇咬傷への対処はほんらい、ヒンドゥーの仕事であったという。しかし、P村にはヒンドゥーがいないので、コビラージであるR氏が対応するのだという。このような緊急性の高い患者に対応するべく、毎日の診療という形に落ち着いたと推測されよう。施術の報酬は、現物でも現金でもよい。一方で、自らの収入について、R氏は「まずまず」と考えている。とりたてて不満もないが、じゅうぶんに満足しているわけでもない。

彼は独自の触診によって、使う葉の種類を決め、それから粒状の丸薬をつくる。丸薬は木の葉からつくるという。原料となる葉の選定にあたっては、患部をマッサージすればそれとわかる（ホンマかいな?）。その際、D村のM氏のように、『コーラン』を参照することは、しない。また丸薬をつくるときにも、『コーラン』の一節を唱えることもない。なお、「悪い気」を誘導し、体外に追い出そうとするとき、D村・M氏に比べて、『コーラン』への依存度は低いといえよう。そんなとき『コーラン』の一節を唱えることは、これは、皆無ではないという。

腰痛に対する施術をお願いしてみたところ、快諾してくれた。以下にその過程を紹介したいと思う。まずは筵《むしろ》を敷き、その横に椅子を置く。椅子に患者を座らせ、患者の足の指に、紐《ひも》をきつく巻きつける。紐には余剰があり、R氏はそれをつまみ、患者側から手前に手を引きよせる動作をくり返していた。同時に、ア

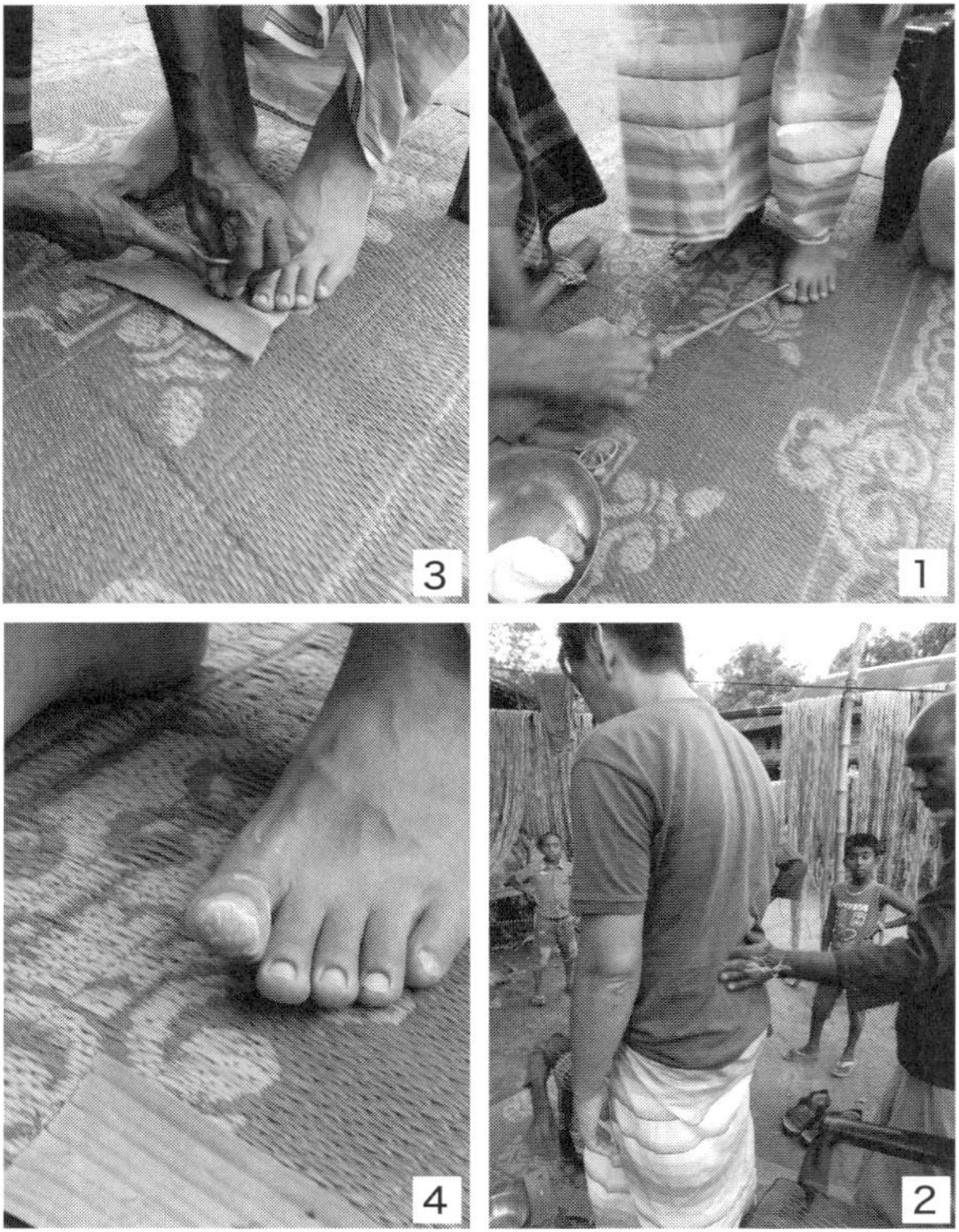

瀉血の風景

紐を引っ張り(1)、背中をなでる(2)。瀉血をして(3)、最後に止血をする(4)。

シスタント一名が植物の根を人差し指と中指のあいだに、根の先端部分が手のひらの側にはみ出すように、はさむ。根の先を患者にあてながら、患者の背面を中心に、軽くなでていくのである。R氏曰《いわ》く、体内の「悪い気」を足の指先に集めているのだという。ひとしきりすると、R氏は針のようなものを取り出し、おもむろに、紐で圧迫された患者の足指先を数カ所、刺す。すると、むろん、血が出る。最初の血は黒ずんでいるが、出血は次第に鮮明な赤色に変わっていく。黒ずんだ血こそが「悪い気」であり、これで「悪い気」が体外に放出されたと考えるのである。その後、針で刺した箇所（出血している）には、息をふきかけながら、ペースト状の石灰を塗布し、血止めとする。この作業を両足十指に対して実施したのち（コレを一〇回はキツい……）、最後に丸薬が手渡されて、治療は終わる。この施術方法は氏が独自に考案したというが、いわゆる「瀉血《しゃけつ》」の慣行があって、それをアレンジしたのであろう。そのように見做すのが、適当と思われる。

そうだな、ぜひ、じっさいの施術、みておきたいなぁ。

お？　ちょうど、今回の調査には、後輩が同行しているぞ。よし！　被験者になってもらおう。

「ば◯くん、最近、調子どう？」

「いやぁ、ちょっと、腰回りが重たいっすねぇ」

「すみません、Rさん、施術、お願いできますか？　え？　いやいや、僕ではなくて、彼です」

「（◯ばくん、一瞬ひるんだけれども、気を取り直して）いやぁ、ぜひ、お願いしますよ。効くのかな？　楽しみだな！　アハハ」

（じつは、この時点で、瀉血をすることを、われわれは、しらない）

で、三回目の瀉血が済んだところで、

「――サ、サイトウさん、もう、いいっすか？　限界です……」


その夜、さりげなく、確認してみた。

「ねえ、◯ばくん、呪術って、効いたの？」

「……いやぁ、ぜんぜん」

R氏の施術は、すくなくとも、ば〇くんには効果がなかったようだ。おそらく、氏への、あるいは呪術への、信頼が不足していたのであろう。

閑話休題。

R氏の施術を受けた患者の例を紹介しておこう。とある男性患者は左半身の痺《しび》れに悩まされていた。症状は重く、彼は寝たきりであったという。病院にかかることはしなかったものの、R氏を訪ね、一カ月前から、施術を請うようになった。R氏は患者をさすり（マッサージし）、薬（丸薬）を処方した。治療をつづけたところ、症状は劇的に改善し、現在では普通に歩行ができるまでになったという。

P村には六〇〇名ほどの村民がおり、みな、ムスリムである。当然、P村にもモスクがあり、イマームがいる。しかし、D村と同様に、コビラージとイマームは対立関係にはないという。コビラージとイマームの関係はおおむね、良好であるようだ。P村のコビラージはR氏だけで、二〇年前、R氏が覚醒する以前、村にコビラージはいなかったという。R氏のもとには、ほかの村からヒンドゥーも訪ねて来るというが、彼は快く対応するのである。イスラームとヒンドゥーのあいだに、両者をへだてる垣根などはないようだ。

9

N村のAさんは、四五歳の女性である。結婚し、二男一女にも恵まれ、一見、どこにでもいそうな、フツーの主婦である。そんなA女史はどのような経緯でコビラージとなったのだろうか？

夢なのかな、また？

いまから二五年前、二〇歳のとき、A女史は「神」に直接、遭遇したと語る。そのような出来事が、夜、就寝前に何回かあったといい、しかも、「何人も来た」という。自らの精神がおかしくなったのではないかと思い悩んだ彼女は、ほかのコビラージのところに相談に行ったものの、事態は好転しなかった。依然として、「神」は何度も彼女の前にあらわれては、彼女にコビラージになるよう、シツヨウに勧めてきた。それはもう、ヒツヨウ以上に……。そこで、彼女は交換

祓除師A

条件を出す。当時、彼女の祖父が病気で臥せっていたので、祖父の病気を治してくれればコビラージになろう、と。すると、「神」は油と水を振りかける方法を教えてくれた。その通りにしたら、祖父が快方に向かったので、彼女はコビラージになる決意をし、そしてじっさいにコビラージになってしまったというのだ。

夢ですら、ありませんでした……。

A女史は基本、土曜日のみ、コビラージとしての活動をおこなう。土曜日は「良い日」とされる。すくなくとも彼女はそのように考えているが、明確な根拠はないようだ。ほかの曜日に相談者があらわれても、対応しないという。おおいときで、一日、二〇名の相談に応じる。彼女は木の枝でお守りをつくることもしているが（二〜三日かかるという）、主たる呪術的行為は「お祓い」である。薬は処方しない。たとえば、体調不良の子どもが訪ねて来ても、彼女にはそもそも薬を処方する知識がない。だって、フツーの主婦だもの。お祓いのみで対応するほかないのである。報酬は現物であり、現金は要求しない。それでも、いろいろなものをもらえるので、彼女は満足しているという。彼女もまた、職能を自らの子どもに継承することが可能だと認識している。でも、いまはまだ、そのようなことは考えていないという。いずれにせよ、夢見や神との遭遇によって獲得されたコビラージという職能は、その子どもへと世襲されていく。それは、私がみた四名の呪術師に共通する認識だ。

一〇〇〇人ほどが暮らすN村には一〇%ほどのヒンドゥーが暮らすが、ヒンドゥーも、A女史のところに相談に来るという。村には、彼女のほかにコビラージがいないのである。なお、N村にもモスクがあり、イマームが常駐しているが、コビラージとの関係は良好であるという。イマームはコビラージに干渉しない。バングラデシュ農村にはどうも、そんな不文律でもあるようだ。

お祓いのじっさいをみることはできなかった。しかし、彼女はそのやり方を教えてくれました。

A女史によれば、患者には「力」が取り憑いており、取り憑かれた患者はその声色までが変わってしまうという。「悪霊」に憑依されているという感覚に近いであろう。彼女は患者に取り憑く悪霊を「ジン」と表現していた。これは、アラビア語で「神以外の超自然的な存在」を「ジン」とよぶことと無縁ではないだろう（大塚和夫ほか『岩波イスラーム辞典』五〇八～五〇九頁）。

患者から悪霊を祓うために、彼女は息を吹きかけ、『コーラン』の一節を呪文として唱えるという。くり返しになるが、彼女に薬草を扱う知識や技術なんてなく、だから、祈禱だけに頼って祓うのであり、つまりA女史は祓除師《ふつじょし》だ（英語だと、エクソシスト〈exorcist〉！・）。長く取り憑いている「古い悪霊」の場合には、祓除に四～五日を要するというが、取り憑いて間もない「新しい悪霊」の場合には一時間ほどで済むという。専用の「お祓い小

なんの変哲もないこの小屋が、祈禱のための
専用の小屋だってさ……。

屋」があって、そこで祓除をおこなう。

驚くべきことに、彼女にアラビア語の学習歴はないってさ。学校に通ったことすら、ないという。では、呪文として用いるアラビア語を、彼女はどこで、どうやって習得したのだろうか？　彼女は「あの人」にアラビア語を習ったと語り、「あの人」に習ったアラビア語しかわからないという。もちろん、アラビア語の読み書きなどできない。そうなのだ。彼女は『コーラン』の一節（と信じている文言）を、言語的理解を欠いたまま、まさに呪文のように用いるのである。「あの人」というのは、彼女の認識においては「神」であり、つまり、彼女は神の指示にしたがっているにすぎない。彼女はこのとき、けっして「アッラー」という表現を使わない。とりたてて、遠慮しているふうでもない。アラビア語呪文に頼りながらも、アッラーに対する意識は稀薄となっている。これは既述したM氏やR氏とはあきらかに異なるところであろう。

そして彼女が念じれば、「あの人・あの人たち」はやって来て、祓除の方法を教えてくれるのだという。そうなのだ。「あの人たち」という表現を、A女史は無意識に使っていた。「あの人たち」のなかには、アッラーも含まれるのかもしれない。しかし、「たち」という言い回しからは、ジンをも包摂した多様な、複数の霊的存在こそが示唆されるであろう。再度確認しておくべきは、彼女は霊的存在を夢にみたわけではないということ。直接あい、対話をするのである。

なお、念じれば「あの人・あの人たち」がやってくるというのは、いくらなんでも、あんまりにご都合主義に思えてしまう。しかし、日本・西南諸島のユタ（シャーマン）は「総じてカミは願いに応じてやってくると考えている」（佐々木宏幹『聖と呪力の人類学』講談社学術文庫、三二頁）というはなしもある。A女史の語りを荒唐《こうとう》無稽《むけい》だと一笑に付してしまうことには、躊躇を禁じえない。私には、とてもではないが、できない。

10

以上、呪医二名、祓除師一名、計三名のコビラージにあうことができた。ちょっと、整理しておこうか。

呪医二名には、アッラーの夢をみたという共通点がある。木の葉から薬を調合する点も共通するが、M氏が積極的に『コーラン』を参照している一方、R氏はムスリムでありながら、『コーラン』とは距離を置いているようにみえる。また、R氏は独自の施術（瀉血）もおこなうなど、変差を認めうる。ともあれ、最大公約数としては、アッラーの夢を契機とし、薬を処方する。そして、イスラームと共存する形で、呪術的医療行為を展開する。このような職能者こそが、バングラデシュ・イスラーム社会における典型的な呪医《コビラージ》といえよう。

イスラームの教義では、ムハンマドは「最後の預言者」であり、以降、神の言葉を受け取る預言者はあらわれえない（山折哲雄監修『宗教の事典』朝倉書店、九八～九九頁）。ならば、たとえ夢であったとしても、アッラーを認識することは深刻な誤謬《ごびゅう》にほかならない。たしかに、イスラームでは伝統的に、「神から来る好ましい真実の夢」という考え方があり、夢はかならずしも忌避されない。夢や夢判断をめぐる逸話・文学作品もおおい（大塚和夫ほか『岩波イスラーム辞典』一〇二四頁）。しかし、物故したスーフィー（イスラーム神秘主義者）、預言者、聖者との対話という形で夢は語られるというから（一〇五四頁）、やっぱり、アッラーとの直接的な対峙までは踏み込んでいないのだ。「人間の限られた知性によっては超越者・絶対者（アッラー、筆者註）の本体は知ることも想像することもできない」（二九頁）のだから、夢でみた存在をアッラーと断定するのは、論理的には絶対に不可能である。それでもしかし、M氏やR氏は、夢でアッラーと邂逅《かいこう》したとして、譲《ゆず》ることがない。またその語りを、周囲の村びとたちも受け入れている。そこに、逆風感は皆無。皆、無条件に納得してしまっているのだから、逆風も吹きようがない。納得。

夢は、所詮、夢。そのままでは意味不明であることがおおく、だから、夢の解釈技術（夢判断）が各地で発達したとされる。そのままでは不可解な夢を理解するために、「霊魂の観念」が生まれ、やがては「アニミズム的世界観」へと拡大されていく。つまり、夢を尊ぶ感性は、きわめて根源的なのである。そんな根源的な感性が胚胎《はいたい》となって、「夢をみる呪医」が産声をあげるのだ。夢こそが、宗教と呪術を架橋《かきょう》しているといえるであろう。

そして、夢を介して存在を許された呪医は、濃淡こそあれ、イスラームと共存している。そこに目立った軋轢《あつれき》が観取《かんしゅ》されないのだから、不思議なものだ。夢という共通項によって、呪術と宗教の深刻な相克は巧妙に回避されているのである。だれもがみる夢というブラック・ボックスに放り込まれてしまっては、手も足も出ない。いかに超自然的な呪術の衝撃であっても、緩和されてしまうのは必定だ。夢が緩衝材《かんしょうざい》となって、呪術はあたりまえとなる。あたりまえのものであるのなら、受け入れるのに、さしたるストレスもあるまい？

11

夢にかかわって、すこしだけ、脱線をしたい。

平凡な私の感覚としては、夢によって誕生した呪術師が信頼を勝ち取っているということは、どうにもこうにも、かなりの違和感を覚えてしまう。なぜ、夢などという曖昧模糊《あいまいもこ》とした根拠で誕生した職能者を、村のひとびとは受け入れることができるのであろうか？

とても参考になる論文を、ネットでみつけることができた。ネットとはいえ、ちゃんとした大学の紀要論文だから、信頼に足ると思う。糸林誉史さんというひとの「互酬性と社会的交換理論」という論文である（『文化学園大学紀要（人文・社会科学研究）』第二二号、三五〜四八頁）。

文化人類学の分野では、「贈与システム」という理論があり、かのマルセル・モースが『贈与論』で論じはじめた考えである。ここでは、その詳細に立ち入る余裕も能力もないが、ごく簡単にかいつまんでみたい。いわゆる未開社会（無文字社会）では、さまざまな物品を贈与する習慣がある。贈与では、物品が相手に渡ったきりということにはならない。「無文字社会では贈り物を受け取った側が負い目を感じ、適当な時間をおいて必ず贈り物を返す」（三七頁）のだという。つまり、贈与とは相手からの「お返し」をかならずともなう行為であって、この「お返し」を反対贈与というのである。

このような贈与のからくりの説明に、北アメリカの「ポトラッチ」という慣行が紹介されている。その詳細に立ち入ることも控えたいが、かいつまんでいうと、こうだ。集団のリーダーである首長は、その成員に対して「威信を保つために」（四〇頁）、「さまざまな財を分配・消費」する。場合によっては「破壊」さえするというから、驚きである。コワすって、ヤバくない？

つまり、首長は気前の良さを誇示するためにさまざまなサーヴィスを提供し、成員《メンバー》はその見返りとして、首長の地位と名誉を承認するのである。首長からの贈与は、成員からの承認という反対贈与を望んだものであり、また、そこにはかならず、反対贈与がともなうのである。贈与とはつまり、一方通行的なものではけっしてなく、相手からの「義務的循環」（三九頁）が必然的に付随する、いわば、相互補完的なものとして評価することができるのである。

このような「贈与システム」の理屈を、呪術師の誕生にからめてみると、なにがみえてくるだろうか？

まずひっかかるのは、夢によって覚醒したという呪術師の主張を、みなさん、あまりに無批判に鵜呑みにしていること。この疑問を「贈与システム」の公式にあてはめてみると、説明がつこう。すなわち、呪術師の語りを全面的に信頼するのは、「お返し」を期待しているからであり、ここでの「お返し」は、呪術師による施術や薬の処方である。呪術師がいるならば、その背景には、施術や薬への期待が潜んでいるのであり、このような思考は、近代医療を信頼し、近代医療に身をゆだねるわれわれのそれと、本質的には変わらないのである。

いずれにせよ、呪術師の誕生は、文化人類学の理論で読み解ける。ならば、夢で覚醒した呪術師を受け入れる行為は、ごく自然な人間の営みとして理解されるべきものとなろう。そのような前提に、われわれは立たなければならない。否、立っていいのである。

なぜだか、ちょっと、ホッとしました。

12

さて、コビラージのはなしにもどろう。男性コビラージが夢によって自らの職能を悟ったことは、すでに述べたとおりである。その一方で、女性のコビラージは異彩を放ったといえよう。薬を調合せず、除霊をもっぱらとする。よって、彼女は祓除師ということになる。呪術的要素を色濃くとどめているように思う。思わずにはいられない。「あの人・あの人たち」の存在を公言して憚らない彼女を、どのように理解すればいいのだろう？

佐々木宏幹は、「概して世界宗教定着地域のシャーマンにみられるように、シャーマンが守護霊を前にして語り合い、その指示を伝達する」事例があるという（佐々木宏幹『聖と呪力の人類学』三五頁）。ならば、「あの人・あの人たち」をよびよせては、指示をあおぐA女史の呪術は、とりたてて特殊なものとはいえなくなる。注目されるのは、世界宗教が定着した地域においても、シャーマンが存在するという指摘である。とりわけA女史の祓除は、「あの人たち」との交流に根差すものであり、一神教であるイスラームとはアカラサーマに矛盾している。にもかかわらず、イスラーム社会のなかに存在を許されているのである。しかし、このような呪術（シャーマン）と世界宗教（イスラーム）の並立は、かならずしも、突飛な現象ではないのである。

ところで岩田慶治によれば、ひとはほんらい、「身近に、直接にカミと対面しながら生活していた」が、そこから、「社会的に承認された宗教的職能者が発生した」という（岩田慶治『草木虫魚の人類学』講談社学術文庫、二〇〇四〜二〇〇五頁）。より原初的な祭りにおいては、「人がカミに逢い、カミが人に逢うことができた」のである。翻《ひるがえ》って、A女史もカミと直接的に交流できる。念じれば、カミをよび出すことさえ可能だ。いわば、とても自由なカミとの関係を謳歌しているのであり、カミもまた自由である。自由なカミを自由なままに受け入れる。彼女とカミの関係は、より権威づけられた職能者が登場する以前の様相をとどめるものと解釈せざるをえぬ。

そして、祭りを取り仕切るような、仲介者としての宗教的職能者が登場すると、「習慣と秩序が尊重されることになる」。やがて、「カミは束縛され、不自由に」なるというのである。そこにいるのは、「家畜化されたカミ」にほかならない（二三七頁）。かたや、イスラームが受容された時点で、A女史の周りにも習慣と秩序を重んじる風潮だって生まれたはずだ。しかし、そのなかにあって、彼女はカミとの自由な関係を維持しつづけた。別のコビラージ二名と比べれば、否が応でも、彼女の特異性は際立ってこよう。アッラーを引きあいに出しつつ、呪医二名はイスラーム的権威に無関心ではいられない。その点ではA女史も例外ではなく、『コーラン』を呪文として用いている。しかし、「あの人たち」を素直に受け入れる彼女の心の裡に、イスラームの宗教観が顕著に根づいているようには、どうしても、思えない。むしろ、そこにいるのは、自由なカミであり、だからこそ、根源的なカミといえるのではないだろうか？

カミについてはあとで、詳述する必要があるだろう。

「東南アジアの宗教においては、最も原始的とされるアニミズムから、それぞれの民族宗教を経て、外来高度宗教の受容にいたるまで、その間には切れ目がなく、断絶がない」という（岩田慶治『草木虫魚の人類学』二五一頁）。どちらかといえばアニミズムに近接するコビラージが、世界宗教・高度宗教たるイスラーム社会の片隅にいたとしても、驚くに値しないのだ。コビラージはだれも、ごく普通の服装をしており、外見からはそれとわからない。村の生活に溶け込んでもいる。そんな彼ら／彼女らがいるからこそ、宗教と呪術の共存が招来されるのだ。

注目するべきは、共存の状況であろう。呪術的慣行の事例がおおく渉猟《しょうりょう》されていることを踏まえるならば、呪術と宗教の関係にフォーカスしてみるのも悪くあるまい。同様に、近代医療との関係も、興味深いところである。

呪医にかんしては、近代医療による診断を参照しつつも、独自の施術を展開している。いわば、呪術と近代医療は「分担」の関係にあるが、近代医療を積極的に「導入」したり（タイ）、「参照」したりする（フィリピン）事例とは、おおいに趣を異にしている（拙稿「陶工、医者になる。」『教育と研究』第三五号、二二～二四頁）。さまざまな呪術の事例にみられる普遍性と個別性を峻別《しゅんべつ》していくこと、換言《かんげん》すれば「普遍化」と「局地化」の深化と内容を見定めていくことによって、呪術はより一層明瞭に、その本質を露《あら》わにするであろう。それは、人間文化のさらなる理解に資するに違いない。と、確信するのである。

13

かくて、期せずして、呪術と向きあうことになったのだが、いかんせん、土器のことばっかり考えてきたこの私。そもそも、呪術のなんたるかが、皆目、見当もつかなかった。よし、すこし勉強してみよう。

呪術といえば、文化人類学の守備範囲となるだろう。で、文化人類学界における、押しも押されぬ泰斗《たいと》といえば、クロード・レヴィ＝ストロースを措《お》いてほかにあるまい。呪術についての彼の言説（クロード・レヴィ＝ストロース「呪術師とその呪術」『構造人類学』〈荒川幾男ほか訳〉、みすず書房、一八三〜二〇四頁）を確認しておくに如《し》くはあるまい？

まずレヴィ＝ストロースは、「まじない」や「呪詛」によってじっさいにひとが死ぬという事例が世界のおおくの地域で報告されていることに注意を喚起する。「呪われた者」の「社会的人格」は否定される。呪詛を恐怖することが、交感神経に作用し、循環器に損害を与えるというのだ。「したがって、ある種の呪術的方法の効果を疑うべき理由はない」（一八四〜一八五頁）のだとか。呪術とは、論理的に肯定しえる。そんな見方もあるのだ。

でも、それはさておき、ここで注目したいのは、「呪術的状況は集団の合意によって発生する現象である」という指摘。呪術師の思考なり行為は、それ単独では、意味をなさぬ。呪術師の言葉は、集団のなかで共有されてはじめて、力と意味をもってくる。どうも、そういうものらしい。

もちろん、呪術を彩るエピソードの数々は、超自然的なものばかり。普通に考えたら、口実であり、「ペテン」にすぎない。でもね、周囲が呪術を信じ、納得してしまえば、正当性を欠こうとも、呪術は成立してしまう。その非合理性を嗤《わら》うことは造作もないが、嗤うことに意味はない。ひとびとが納得している事実こそが重要なのであって、呪術師の具体的実践をどうこう評する資格を、部外者は、もたない。もちえない。

レヴィ＝ストロースによれば、患者に相対する呪術師（シャーマン）は、その場に居あわせたひとびとに「芝居」をみせつけるという。その意味では、「公衆」もまた治療に参与する」のである。「公衆」がえる「知的及び情緒的満足」のいかんによって、「集団的帰依の程度が決定される」というのだ（一九七頁）。呪術師は、「集団的帰依」に支えられているからこそ、治療行為をつづけることができるのである。

そしてこのような呪術的行為のプロセスは「非科学的な視野」をともなうものであるといい、そのような「非科学的な視野」は、大なり小なり、すべての社会に存在するという指摘も、レヴィ＝ストロースは忘れていない（二〇〇頁）。非科学的ということは、前近代的で、伝統的な価値観ということにもなるだろう。近代科学のおよばない思考回路を、科学的思考の領する世界に住まうわれわれだって、多少なりとも、もっている。それこそが、呪術師を誕生せしめる胚胎となるのである。

とはいえ、正直に告白すれば、レヴィ＝ストロースの文章はとても難解である。何回読んでも、わからない部分があって、全体を完全に理解できるひとなんて、いるのかしらん？　と、訝《いぶか》しく思えてくる。よく、「行間を読む」などというけれど、レヴィ＝ストロースの場合、行間がスゴいのだろう。だからこそ、評価が高い。そのことだけは、ぼんやりとだけれど、感じられた（つもりである）。二度、三度と読み返すと、なんとなく、伝わってくるものがある。いや、たしかに、ある。いやいや、そもそも、難解な人間に向きあう人類学は、難解にならざるをえない。ここに論理的飛躍はないと思う。彼は、その摂理に、忠実にしたがっただけなのでは？　だから、もうすこし、私なりに、行間に挑んでみたい。

呪術にかんする論考において、レヴィ＝ストロースは患者に相対するシャーマンに着目している。そのうえで、呪術師、患者、公衆が複雑な体系をつくるという。レヴィ＝ストロースの言葉では、「病的な思考」と「正常な思考」というかけ離れた二つの状況を「調停」してくれるのが、公衆であり、公衆を巻き込むのが、呪術師ということらしい。

――やっぱり、ムズかしいなぁ。

私の読解力だと、しっかり理解するのは、やっぱりたいへんだが、頑張って、行間を読もう、行間を。呪術師には、遂行するべき役割があるのだが、遂行するためには、呪医と患者が帰属する公衆、つまりは社会を巻き込むことが前提となる。ここに、着目したい。どんなに霊験《れいげん》あらたかな呪術師であろうとも、そのひと単独での評価など、ありえないのだ。逆に、ハタからみれば、どんなに浮き上がった存在であっても、呪術師である以上、社会の承認が前提となる。社会が認めていない呪術師は、呪術師ではない。それこそ、狂人である。

呪術的思考は個人に芽生えるけれど、社会の承認が必要なのだ。だとすれば、呪術は社会の所産である。呪術が成立しているなら、そこには社会の承認があり、だから、それはホンモノだ。そしてそんな光景は、割と、どこにでも、みられるのかもしれない。

近代医療における精神分析との比較でえられた知見も、示唆に富むと思う（二〇一～二〇二頁）。呪医の施術においては、呪医が語り、患者は黙って耳を傾ける。そして、社会を巻き込む呪医は、社会に働きかけ、社会が患者の問題を受け入れてくれるように、しむける。このとき、呪医と対する患者は、あくまで受け身であることを強いられる。しかし一方で、呪医によって守られ、社会のほうが歩みよってくれるカタチを、呪医と社会が共同でつくり出してくれる。

かたや、精神分析においては、患者が内面を吐露《とろ》し、医師は聞き役に徹する。患者は主体的に自らを語ることを許される。ある意味、とても尊重されている。しかしながら、精神科医は社会に働きかけるすべをもたない。最後は、ナンダカンダ、患者自身が社会への再適応をはたさなければならない。と考えるならば、近代医療における精神分析は、患者個人にフォーカスするあまり、患者を社会から乖離《かいり》させ、結果として患者の孤立を招く。それは、そこだけをみれば、矛盾にほかならない。

そう。レヴィ＝ストロースが警鐘を鳴らしているように、じつは、逆転現象が認められるのだ（二〇二頁）。つまり。呪医が向きあう諸課題は、あくまで個人の内面に起因し、それは、第三者からみれば、往々にして、矛盾に満ちている。だからこそ呪医は、矛盾から出発せざるをえない。でもここに、社会を介在させることで、一定の秩序が付与される。すくなくとも、患者と社会は、そのように納得する。納得すれば、施術は完遂されたに等しい。

しかし、患者個人が社会への再適応を求められる精神分析の場合、もちろん、うまくいくことはあっても、失敗するときだってある。レヴィ＝ストロースの言葉を借りるならば、失敗とはすなわち、「患者の宇宙の再組織に還元される」（二〇二頁）ことである。またもや、私の拙い理解力など、軽々と超えてくるが、ようは、混沌が深まるということでしょ？　一見、不合理にみえる呪術師の行為が、意外や意外、秩序への最短距離をとっているのに対し、合理的だとされる精神分析が、ときとして、混沌へと陥るのだから、逆転現象というほかはあるまい?

呪術師と近代医療。彼我の隔たりは、絶望的とさえ思えるほどに、おおきくみえる。でも、患者の不安を解消し、納得をえるという意味においては、目指すところは一緒のはずだ。呪術が混沌から秩序に向かい、近代医療がときとして混沌に陥ることがあるとすれば、つぎのようにいえなくもない。両者は相互補完的な関係にある、と。ゴールへの道程が違うだけなのだ。ならば、呪術師は、すくなくとも精神科医と同程度には、人間の精神世界に対して発言力をもちえる。呪術が秘めるそんな可能性を、レヴィ=ストロースは教えてくれているように思われてならない。

14

『呪術の人類学』(白川千尋・川田牧人編、人文書院)というウッテツケの本もあったから、買って、読んでみた。そこには、呪術の定義などに言及した論考も収められており（白川千尋「言葉・行為・呪術」九〜四五頁）、呪術初心者の私にとっては、たいへん勉強になった。

そこには、つぎのようなことが書いてあって、目から鱗《うろこ》が落ちた。呪術の現場では、しばしば、「〇〇とわかっている、でもやはり××」というフレーズが聞こえてくるという。〇〇には経験的領域のことがらがあてはまり、××には非経験的領域のそれがあてはまるという。ようするに、前者は理性、後者は非理性ということだ。

たとえば、重篤《じゅうとく》な患者は余命幾《よめいいく》ばくもない。非情だけれど、通常、それはだれもが認めざるをえない。医学的に根拠のある、理性的な判断だ。しかし、家族としてはやはり、助かってほしい。ごく自然な感情ではあるけれど、残念ながらそれは、合理的な根拠のない希望的観測にすぎない。でも、ひとはそんな非合理的な希望を求めるのである。当然のことながら、希望と現実はかけ離れていることがほとんど。でも、でもね、かけ離れてはいるんだけれど、同居もしている。そんな二律背反の関係にある両者を橋渡ししてくれるのが、呪術であるというのである（一八〜二〇頁）。

しかし。そもそも、両者をつなぐ必要なんて、あるのだろうか？

私は、すくなくとも、その必要を感じていなかった。感じるべき局面に出くわしても、そこに踏み込む意識はほぼ皆無であった。冷静にギャップを眺め、できることをすればいい。駄目なら駄目で、仕方ない。そうするしかできないし、それでしょうがないと諦観していた。

でも、いまは、まったく違う。

弟の死は、あまりに唐突で、理解できないことがあまりにおおすぎた。私の、私なりの理屈では、納得のできる部分など、ほとんどなかった。だから、現実味は乏しかったし、それはいまでも、そう。しかし、私は生きている、弟のいない現実を。この現実と現実味のない現実のあいだに横たわるギャップは、いかんともし難いものである。でも、なんとか、折りあいをつける。つけざるをえないわけで、その、折りあいをつけるということは、希望と現実を結びつけることと同義である。ならば、折りあいをつけたいという心情も、呪術の範疇に含まれてくる。いまはそんなふうに、思うようになった。

こんなことも、書いてあった。

別の研究で紹介されているはなしのようだが、洗っていない泥のついたユニフォームを着て、高校野球の試合に臨んだら、たまたま試合に勝った。その後も、汚れたユニフォームで試合をしたら、勝利をおさめた。選手たちが、どのように考えたのかは、容易に想像がつくであろう。彼らは泥のついたユニフォームを洗濯せずに、試合をするようになったというのである。「ゲンを担ぐ」という類のはなしであり、だれにでも経験があるのではないだろうか？

試合に勝ったことと、ユニフォームが汚れたこと。両者のあいだに因果関係は、ないのだろう。すくなくとも、合理的に説明できない。説明できないのに、選手たちは納得し、それを実践しているのである。「泥のついたユニフォームの着用という行為によって、不確実で偶然性を帯びた試合の結果の勝利という事態を必然化しようとした」（一一八頁）のだ。ユニフォームが汚れるという現実と、試合に勝つという理想。ほんらい、両者には明確な因果関係などあるはずもなく、だから、どこまでも、どこまでも、かけ離れている。

この関係は、泥のついたユニフォームを着るという「行為の領域」と、試合に勝ちたいという「言葉の領域」の乖離とも理解されている（二九頁）。これは、なんとなく、わかるような気がする。ひとは言葉で表現できる目標や方向性を意識して、それに沿って、行為する。でも、言葉と行為は、往々にして、ズレる。かくて、ひとは心の裡に、いともたやすく、矛盾を抱え込む。そういうサガなのだ。

そして、矛盾が深刻であればあるほど、折りあいをつけたいが、つけるのは至難の業《わざ》となる。そんなとき、近代科学の見地からは錯覚にすぎずとも、折りあいがついたと思わせてくれるのが、呪術なのではあるまいか。ままならぬ現実のまえでは、合理的説明は、逆に、無力である。現実と理想の、どうしようもないギャップを、呪術というオブラートで包む。包んだとて、現実が変わるわけでもあるまいに、でも、ついつい包んでしまう。そんな脆弱さは、だれの裡にも、ひそんでいるのだろう。いまはそれが、なんとなく腑に落ちる。

15

『呪術の人類学』には、フィリピン、タイ、バリの呪医の事例も紹介されていて、とても参考になった。まず、フィリピンの事例から、みていこう（東賢太朗「呪いには虫の糞がよく効く：言葉と行為、日常と呪術の境界域からの問い」白川千尋・川田牧人編『呪術の人類学』一四九〜一八〇頁）。

調査地となったのは、それなりにおおきな都市であり、人口は一五万に迫る。もちろん、近代医療だって、ちゃんと普及している。そんなところに、呪医がいるわけで、「伝統的な民間医療体系が近代医療と並存している」（一五一頁）のである。「呪医の活動内容は多岐にわたり、治療以外にも、精霊への供物儀礼の執行という祭司的な役割を果たしたり、呪いや占いなどの活動も行う」（一五二頁）というから、呪医の守備範囲の広さたるや、相当のものだ。精霊や呪いがかかわる超自然的な原因による病気に加え、通常の病気も呪医の医療行為の対象となるそうである。呪術の報酬は患者の自由意志に委ねられると考える呪医もいるが、金銭による報酬が要求されることもおおく、その報酬によって家計が支えられている呪医がほとんどだとか。つまり、呪医はレッキとした職業として成り立っているのである。なんでも、一〇〇名近くもの呪医がじっさいに開業（?）しているというから（一五一頁）、驚きだ。呪医という職業が、社会的に広く認知されていることがわかる。

インフォーマントは、リリーという女性である。彼女は生まれながらにして、敬虔なるカトリック信者であり、日曜日の教会礼拝は欠かさないという。彼女の場合、両親が呪医で、幼いころから呪医の仕事を手伝ってきた。父親が死去する前に、書き残されたノートや口伝えによって、呪医の仕事や薬草についての知識を受け継ぎ、呪医になったという。修行もしているようだけれど、呪医という職能は基本、世襲されるとみてよい。

興味深いのは、リリーの甥がハワイで医師をしており、姪も地元で看護師をしていること。つまり、彼女は近代医療にも、とても近いところにいて、それでいて、呪医なのだ。私にはこれは、とてもチグハグに思えてならない。近代医療と呪術は、論理的に、矛盾する。というか、合理的な近代医療に対し、呪術はどこまでも、どこまで行っても、非合理的である。だから、両者は深刻に対立するはず。そんなあたりまえの帰結が想像できるけれども、しかし、ここでは、そうはなっていない。そこは、近代医療と呪術が並存しえる場所なのであり、そういう独特な場所だからこそ、呪医の存在が許されるのである。あまつさえリリーは、甥や姪に、自らの治療活動について、相談さえしている。もう完璧な確信犯。でも、その確信の部分は、近代医療と呪術の相克をものともしない社会的承認という前提があってこそ、醸し出されるものなのだろう。彼女のひとりよがりでは、けっしてない。だって、彼女は、世襲しただけなのだから。

リリーが立ち向かうのは、精霊によって惹起される病気である。

え？　精霊？

精霊とは、ひとや動植物、ひいては無生物にもおよぶ、それこそ、ありとあらゆるものに宿る超自然的な存在である。コッテコテの、多神教的な発想だ。

ほんのすこし、より道を許されたい。

森達也によれば、愛するひとが亡くなっても、この世界から完全に消えてしまうとは、思いたくないという。どこかで自分を見守ってくれていると思いたい。そんな根源的な願いから、死んだひとの霊魂が、精霊となって、森羅万象《しんらばんしょう》すべてに宿るという考えかたが生まれた。これをアニミズムというのだそうな（森達也『神さまってなに？』河出文庫、三四頁）。

アニミズムというのは、超自然的な精霊への畏れに端を発するもので、そこから、やがては神という概念の原型が生まれたとされる。いわば宗教の根源であり、人類の精神史にあっては、基層的なものであるといえる。じっさいに森達也は、農耕・狩猟を中心とする社会には、アニミズムが色濃く残っているとし、日本の神道なども、アニミズムの発展形であると位置づけている。私は神道とか、ぜんぜん詳しくはないけれど、そもそも神道は日本の伝統的・民族的信仰を基盤としているし（三四頁）、明治政府が神道を日本国民の精神的な柱としたこと（七六頁）などを踏まえれば、現代の日本で暮らす私たちの深層にも、神道の考えかた、ひいては伝統的なアニミズム的思考形態が根づいているとみるのは、突飛なことではない。

ここでは、日本仏教にかんする中村元の指摘が思い起こされる（『日本人の思惟方法』春秋社）。仏教とはそもそも、シャーマニズム的なものを排斥する宗教。しかし、仏教伝来以前の「日本の一般民衆は依然としてシャーマニズム的な宗教儀礼に従っていたために、日本にひろまる仏教はやはりこのような性格を保存しているものでなければならなかった」（四五四〜四五五頁）というのだ。

「どこの国においても、いわゆる先進諸国においても、現実においては呪術的思惟が残っているし、東アジア諸国は、その宗教的寛容性のゆえに、呪術的思惟をまだ温存している傾向がある」（四七〇頁）という中村の指摘も、おおいに首肯できる。

そもそも、インド仏教自体が、七世紀以降、「呪術的世界観やヒンドゥー教と融合して密教」を輩出している（植木雅俊『仏教、本当の教え：インド、中国、日本の理解と誤解』一〇頁）。元来、呪術と結びつきやすい仏教が、呪術的発想を色濃く残す日本に入ってきたのだ。現代日本において、呪術が一掃されたと断ずる根拠は、あまりに薄弱である。

精霊を扱う呪術を、私は、嗤うことができなくなった。

さて、リリーのはなしである。

精霊を相手にするリリーは、精霊の力が強くなるとされる火曜日と金曜日に、おおくの診療をおこなうという（東賢太朗「呪いには虫の糞がよく効く」白川千尋・川田牧人編『呪術の人類学』一五三頁）。火曜と金曜に、いっちゃあ悪いが、さして意味はないのだろう。すくなくとも、合理的な説明は無理である。でも、リリーがそのように確信し、患者もその確信を全面的に受け入れている。そんな状況が成立していることだけは確信できる。第三者には判断のつかない（というより、まったく信じることのできない）信頼関係のうえに、呪医の診療は成り立っている。当事者でもない私が、その信頼関係にとやかく口をはさむ筋あいなど、ない。だから、これ以降、過度にビックリするのはやめようと思う。

ある女性患者は、とある男性から交際を申し込まれた。しかし、それを断ったがために、怒った男性に呪いをかけられ、だから、体調不良に陥っている。リリーはそんな見立てをした。ホンマかいな？　いやいや、ツッコみは禁物だったっけ。でも、呪術で、病気の原因なんて特定できるの？　いやいや、できるできないではなく、してるんです。しかも、診断を聞いた患者は納得し、つぎのステップに進む。そう、本人が納得してしまったのだから、もう、なにもいえない。いうことはない。リリーは、ゼツミョーな落とし所へと、患者を誘《いざな》い、患者も身を任せるのである。

原因の特定について、もうすこし。これは別の患者のケースであるが、その原因特定の方法が、これまたスゴい。服に生姜を塗りつけて、振り回して、見立てる。うーむ、そりゃあ、状況を頭に思い浮かべることはできますよ？　できるけど、まったくの理解不能、意味不明だ。あるいは、卵を立て、それを倒す。倒れる方向で判断できるという。いや、いや、いや、無理っしょ？　そう考えるのがフツーである。しかし、当の患者は、リリーの診断に聞き入っている。呪術行為は、ちゃっかり、成立しているのだ。

治療の内容である。ちょっとありえないような診断によって、リリーは薬の種類や利用方法を決める。そして、とある患者には、禁煙するよう命じ、毎日、自分の便をチェックすることを勧める。さらに、ヤギ、魚の塩辛、ムール貝の摂食も禁じるのである（一六二頁）。どれもこれも、健康に配慮した、王道のアドバイスである。ここまでは、近代医療の観点からも、おおいに、首肯できる。ただ彼女は患者に、毎週金曜日、教会に行くように指示している。オイ、オイ、それはちょっと、違うんじゃないの？　精神的な平安ということなら、まあ、そりゃあ、治療にマイナスに働くことはないのだろうけれどねぇ……。

驚くのは、ここから。

彼女が薬草とともに利用するのは、ナ、ナント、虫。虫を患者に飲ませるのである。具体的には、二〇匹以上もの虫（よくも集めたもんだ！）を皿に取り出し、十字を切り、患者の名前を唱えながらスプーンですりつぶし、熱い湯で溶いて、患者に飲ませるのである（一六三〜一六四頁）。薬草と虫の糞を飲ませることもあるという（一六五頁）。これまた、ものスゴい光景であり、みようによっては、滑稽にすら映る。なんかこう、そのものズバリ、「ザ・呪術」という感じ。もちろん、医学的根拠など、求めるべくもあるまい。

そうそう、忘れてはならない。奇抜な診療行為を自信満々にくり広げる彼女、キリスト教徒なんです。患者に虫を飲ませる過程で、ちゃっかり、十字も切っちゃってるよ……。さきほどもふれたように、精霊を扱う呪術は、位置づけるとすれば、多神教のカテゴリーに入ってくるだろう。一方のキリスト教は、押しも押されぬ一神教。だから、両者は真っ向から対立するはず。リリーさん、アナタ、世が世なら、魔女裁判にかけられても、文句はいえませんよ？　しかし、そんなこたぁ、どこ吹く風。彼女は、ブレない。堂々と十字を切るし、迷うことなく、唯一神のご加護をあおぐのだ。

あんぐり……。

開いた口がふさがらない。根っからのキリスト教徒でありながら、やっていることはバリバリの呪術。でも、イエス・キリストや聖母マリアに祈禱する、なぁんてことは一切しない。虫です、虫。しかも、糞ときた！　キリスト教側からすれば、呪術など、とうてい、容認できないであろう。でも、真正面から否定もせず、黙認している格好だ。すくなくともリリーは、深刻な矛盾を、ことも無げに、包摂してしまう。

そうなのだ。

リリーは一神教たるキリスト教の信者であると同時に、多神教的な精霊を扱う。親戚縁者に医療関係者がいながら、自身は呪医として活動する。つまりは、だ。彼女は二重の矛盾を抱え、でも、狼狽えることがない。矛盾する理想と現実を呪術が架橋するという見解があることは、さきほど言及した通り。そんな雲をつかむような考えかたも、リリーをみていると、納得できてしまうのだから、面白い。どんなに懸隔《けんかく》した事象であろうとも、重複した矛盾を生き、矛盾を知悉《ちしつ》する彼女なればこそ、鼻歌交じりに引きあわせてしまうのだろう。

くり返す。

呪医は、近代医療の卓越する世界にあっては、矛盾以外の何物でもない。恣意的だとの誹《そし》りは免れまいが、呪術で対応する病気と近代医療が治す病気は、きっちりと区別されている。だからこそ、呪医の活動と近代医療行為は、深刻な葛藤を免れて、共存することができるのである。

じっさい、リリーの実兄が病院で入院することになった。調査者はもちろん、「なんで、自分で治さないの？」とツッコんだ。ツッコむわなあ、そりゃあ。で、そうしたところ、「それは、医者が治す病気だから」とうそぶいたとか……。イヤ、イヤ、イヤ。イイ加減にしてくださいよ？　ご都合主義もハナハダしいが、ここまでくれば、スガスガしい。ここまで徹底していれば、ご立派です。脱帽するしかない。しかし、そうなのだ。フィリピンでは、呪医と、宗教・近代医療が、イイ感じで、共存しているのだ。

バングラデシュで私がみた呪医と比べると、どうだろう？

たとえばN氏は、ヒンドゥーの教えの枠内で、そこから逸脱することなく、施術する。呪術は、ヒンドゥーとピッタリ重なりあっている。ここは、フィリピンとおおきく違うところだ。他方、近代医療との関係はどうか？ N氏の場合、祈禱をするのみであり、薬草すら使わない。だから、近代医療との接点はなく、とりたてて軋轢もなく、共存できている。共存している点は、フィリピンとダブってみえるのだが、やっぱり、違いもある。フィリピンのリリーの場合、近代医療の知識にそこそこ精通してしまっている。よって、彼女の施術と近代医療との垣根は、一部で、でも確実に、決壊しているのである。

ここまでを、整理してみよう。

バングラデシュ、C村のN氏の呪術は、宗教と同一、医療とは別個の関係にあった。でも、リリーの場合、宗教・医療ともに、別個の関係にある。宗教の点で、両者に違いが認められたことは無視できまい。私が考える仮説は、こうだ。多神教であるヒンドゥーは、精霊の存在を許容し、だから、精霊を扱う呪術との相性がよいのだ。で、一方のキリスト教。フィリピンのキリスト教がどのくらい厳格なのかは厳密に検証しなければならない。けれど、一神教であるキリスト教が多神教的な呪術と相性が悪くても、驚くに値しないのはたしかだろう。

ムスリムのコビラージ三名については、緊張関係こそ認められないものの、呪術とイスラームが相容《あいい》れているとは、とても、いえない。夢にアッラーが登場し、大なり小なり『コーラン』を参照することはあっても、コビラージの呪術とイスラームは、基本、別物である。呪術と高度宗教との関係は、それが一神教か否かという点が深くかかわってくるといえる。一方、いずれにせよ、呪術がしたたかに温存されている事実も際立ってくる。面白いものだ。

医療の場合、これはもう、呪術とは根本的に排他的な関係にある。だから、両者は個別に存在する。しかし、キリスト教徒であり呪医でもあるリリーの場合、宗教もそうだけれど、近代医療との間の相克を、おそらくは意識的に、超えてしまう。呪術の最前線に立ちながら、近代医療をよくしる立場にもあるリリーは、確信犯的に、両者を使い分けているのである。

と、考えれば、N氏との違いは明瞭であろう。土器職人であった彼は、そもそも、近代医療とはまったく無縁な環境にいた。くわえて、孤立しがちな農村は、近代医療の介入をギリギリまで拒絶しよう。そこではだから、近代医療はそれほど、身近ではない。ある意味、N氏はとても純粋無垢な呪医であるといえなくもない。そういうことになる。

呪医であるコビラージ二名も、己《おの》が施術を貫いているようにみえる。とりわけ、瀉血をおこなうR氏は、純然たる呪医といえる。しかし、M氏においては、近代医療の診断をさりげなく参照しているフシがあり、その意味では確信犯的な部分がある。より積極的に『コーラン』を参照する姿勢とあわせ、リリーに通じるものがあると思う。

かくて、あたりまえのことかもしれないけれど、フィリピンとバングラデシュの呪医・呪術師は異なった。そして、その違いを醸したのは、やはり、環境である。それぞれの呪医が身を置く地域社会における、宗教の性格と近代医療との距離感である。

そうだ、そうだ！　呪医の施術は「公衆」とともにあるのでしょう？　呪術が執行される、その「場」の状況が、おおきくモノをいうのだ。呪術を探求するそのさきには、「場」としての地域社会、ひいては、当該社会集団の思考のありかたが浮かび上がってくる。呪術と社会の緊密で親密な関係を思わずにはいられない。

16

タイ東北部、ラオ系集落における呪術も紹介されていたので、これまた、みておこうと思う（津村文彦「呪師の確信と疑心：タイ東北部の知識専門家モーをめぐって」白川千尋・川田牧人編『呪術の人類学』二三三〜二六七頁）。

タイの呪師は、「モータム」とよばれるが、「モー」は専門家、「タム」は仏法を意味する言葉。つまり、モータムとは、仏法を背景に、精霊（ピーとよばれる）に起因する病に立ち向かう専門家のことである（二三七頁）。

ふーん、なるほどねぇ……。え？　仏法？

上座部仏教が卓越するココの呪術は、基本、仏教と分かち難く、結びついているのである。世襲されることもあるが、おおくの場合、モータムの活躍を目のあたりにしたり、モータムによって自身の病気が回復したりという、衝撃的な経験があって、それで、モータムを志すという（二三八頁）。優れたモータムを師匠とあおぎ、ウィサーとよばれるモータムの知識を身につけるのである。

一定期間の修行を経て、晴れて、モータムとして独立するのだが、独立に際しては、儀式をおこなう。その儀式を、恭しくも、仏教寺院で執りおこなうのである。仏像の前で儀式をおこなうし、呪文には上座部仏教のパーリ語経文が混入する。パーリ語なんて、アナタ、フツー、チンプンカンプンで、当の呪術師すら意味わかんないことがほとんどだという。が、それでも、パーリ語なのであり、その部分だけを切り取ったら、コッテコテの仏教である。そして、儀式の最後に師匠は弟子に、やさしく諭す。「今後苦しいことがあったら、この仏像を思い浮かべなさい」（二四一頁）、と。弟子にとって、目の前の師匠はいうまでもないが、究極的にはブッダもまた、師匠となるのである。

いやいやいや、まってくださいよ、ちょっと。

そこまで、呪術を仏教によせちゃって、いいのだろうか？

モータムの技は多岐におよぶが、ここに、一例を紹介する。モータムは、病気を特定するために、卜占をおこなう。具体的には竹を折るのだが、あるときには、一本目は八つに、二本目は七つに、そして三本目も七つに折れた。だから、病の原因は精霊ピーであると、モータムは断定する（二四四頁）。……（ぶっちゃけ、折れかた、関係ないでしょ？）。竹の折れかたと病の原因のあいだには、アカラサマな飛躍がある。しかし、合理的には飛び越えることのできないこの空隙を、いともたやすく呪術師は超えてみせる。飛躍を患者が受け入れた時点において、そしてそれこそが前提ともなるのだが、呪術的行為は成立してしまう。

じっさいの治療は、どうだろう？

モータムは病気の原因である精霊ピーのお祓いをする。聖水を飲ませたり、聖水をふりかけたりしながら、患者の手足の先を聖糸で縛り、ときにピーに対して詰問する（二四六頁）。こうした行為を、隠れてコソコソおこなうのではなく、村びとの目の前で、ドウドウと、やる。聖水・聖糸を使ったり、目にはみえない精霊に詰問？ フツーに考えれば、アヤしいこと、コノウエナイ。でも、呪術であると考えれば、サモアリナン。不条理にこそ、呪術は芽生えるのだ。

はなしを戻そう。

モータムがやっていることは、もう完全な、押しも押されぬ、どこに出しても恥ずかしくない呪術。でも、仏教の要素も確実に入り込んでいる。否、積極的に取り入れているのである。パーリ語の呪文を使うなど、いわば、呪術を仏教と折衷させた感じである。宗教を全面的に受容する点ではバングラデシュのパゴールに似ているが、宗教と折衷しているのは、タイの独自性といえる。そして、フィリピンとも、違う。フィリピンでは、呪医自身がキリスト教徒であり、だから、多少は混入してくるけれど、アカラサマではない。タイの呪術師が、仏教要素の取り込みに積極的であるのとは大違いだ。おおむね、呪術は宗教とうまく棲み分けているようであるが、その関係のありかたは、地域によって違う。ここに、地域の特性、地域性をみい出すことができると思うのだが、いかがだろうか？

なお、タイ東北部には、呪医（お祓い師）のほかにも、さまざまな専門家がいるという。預言者、紛失物の所在を探る人、霊媒師、薬草師、産婆、按摩師などである（二三七頁）。預言者や失せ物探しなど、呪術と深くかかわる職業が、産婆や按摩師と同列に認識されており、興味深い。なぜなら、精霊の存在を前提とする世界観が、たしかに脈打っているのが窺われるからだ。

ここで、薬草の知識に長けた専門家・薬草師も紹介しておこう。ある薬草師は、二五歳のときに体調を崩した。村の呪医の診療を受けたところ、回復したので、呪医を志した。師事した呪医は薬草にも造詣《ぞうけい》が深かったので、彼も自然と薬草の知識にふれ、薬草師になったのである。自らの意志で薬草師を志した彼は、だから、薬草の知識を導入することに、とても貪欲。バンコクにある研究所に薬草の研究者がいると聞けば、わざわざ足を運ぶほどの熱の入れようである（二三八～二三九頁）。

無視できないと私が思うのは、くだんの薬草師の、近代医療に対する超ポジティブな姿勢である。彼は、純粋に、呪術的思考と技術を身につけた。そして薬草師としての自らを高めるために、近代医療の知識までをも、意欲的・積極的に吸収せんとするのだ。呪術と近代医療が対極に位置するにもかかわらず、だ。呪術と近代医療が論理的に懸隔しているというギャップに、彼が気づかぬはずがない。でも、そんなギャップには目を瞑《つむ》り、ひたすら患者のために邁進《まいしん》するのだ。

タイ東北部において、呪医や薬草師はいきいきと活動している。呪術的思考を温存しながらも、しかし、近代医療の知識を導入することにも躊躇していない。患者のために、よりよい薬草を提供したいという発想は、むしろ合理的ですらある。呪術と近代医療が完全別個に並存している一方で、その垣根を乗り越えてしまう薬草師もいる。ここでは、呪術と近代医療を分かつ境界線は、ときに、曖昧であるようだ。

で、バリである（大橋亜由美「バリにおける呪術的世界の周縁」白川千尋・川田牧人編『呪術の人類学』二〇七〜二三一頁）。やや独特なバリ・ヒンドゥーではあるものの、バリ島住民の九〇％はヒンドゥー教徒である。だから、バングラデシュとの比較においておおいに気にかかるところだ。

バリでは、イルムという概念があるのだとか。イルムとは、「学問」を意味するインドネシア語であるが、転じて、「他者に厄災をもたらす悪い呪術の比喩的表現」になったという（二〇八頁）。イルムとはつまり、呪いのようなものだ。イルムがかかわる病気は、呪術が扱うべき対象となり、近代医療が有効な病気とは区別されている。

イルムによる心身の不調に対応する呪医は、バリアンとよばれている。ただし、バリアンの守備範囲は多岐におよんでもいる。宣託《せんたく》、失せ物探し、出産介助、マッサージ、薬草の処理など、バリアンは多様な活動をしているのである

（二〇九頁）。フィリピンやタイ東北部の事例と、とてもよく似ている。原因不明の災厄や解決困難な問題を、呪いや精霊といった超自然的なものとからめて理解する。それはごく根源的な発想なのであり、そこに呪術師が生まれるのである。

バリには、バリ・ヒンドゥーの祭司がいる。祭司を公的な宗教職能者とすれば、バリアンは私的な宗教職能者であると位置づけられる（二一二頁）。祭司は、神格へ供物を奉献し、読経をし、祈りを捧げる。ときに聖水（ティルタ）を駆使するなど、いわば、正統的な儀礼に勤しむ（二一一頁）。

では、バリアンはどうか？

とあるバリアンは瞑想し、呪文を唱える。呪文を唱えながら、油にさまざまな材料を添加した呪薬も用意される。必要に応じて、これを使うという（二一八頁）。メチャメチャ、コッテコテの呪術であって、それを受けもつバリアンが、正統のヒンドゥー祭司と共存しているのである。

呪医をめぐっては、バリにおける伝統的な世界観が、その背景にあるという。世界は、人間が属する可視的世界（スカラ）と、神々や祖霊、悪霊が属する不可視的世界（ニスカラ）で構成される。病気の原因がスカラにある場合は、近代医療の治療を受ければよい。しかし、ニスカラにかかわる場合、近代医療ではカヴァーできない。ここに、伝統医療が登場する余地があるのであり、その専門家がバリアンなのだ（二一二～二一三頁）。

人智のおよばない世界は存在しえるのであって、そこにかかわる問題に対処するバリアンの必要性は公式に認められている。保健省はバリアンを、出産介助者、マッサージ師、生薬を調合する者、霊媒師の四つに分類したという。その職能は公的に権威づけられているのだ。呪術師は社会に求められ、そして、社会に溶け込んでいる。呪術師は奇異な存在ではない。「呪術師のいる風景」は、ここでは、ごく見慣れた風景なのだ。

だから、呪いはいたるところにある。たとえば、ある高校教師は、授業中の生徒の問題行動を、呪いのせいだと考えた。そう考えたことは彼にとって、突飛なことではなく、あたりまえの思考であった。そして、呪いに対抗するために、バリアンの指導を受け、瞑想や呪文を習ったという（二二〇頁）。

高校教師が呪術を習得しようとするなんて……。高校の教員として教える内容は、呪術とあからさまに矛盾してしまわないのだろうか？　いや、おおいに矛盾するのだろう。でも、それを乗り越えてしまっているのだ。ある意味、スゴい発想である。これは、だって、それほどまでに、呪術がありふれていることを意味するのだから。で、ということは、だれでもが呪いをかける能力を獲得しえる。呪いは常に意識され、呪術は常識となり、それに対抗するために、また呪術が強く求められる。このような「反復的連鎖」（二二八頁）を通じ、呪術的思考は濃縮されていく。増幅こそすれ、減退することはけっしてない。かくて、「呪術的世界」は連綿と、濃密に受け継がれていくのである。

18

フィリピン、タイ、バリにおける呪医をみてきた。私にとっての原点でもある、バングラデシュのはなしもあわせて考えてみると、どうなるだろう？

呪医についてちょっとかじっただけでも、モーレッツに気にかかるのは、呪術と宗教との関係である。結論からいえば、ヒンドゥー・コミュニティーでは、ヒンドゥーの枠組みから逸脱することなく、呪医の活動が完結しているようにみえる。精霊を畏れる呪術は、やはり、多神教との相性がいいのだ。換言すれば、精霊の概念から逸脱しないヒンドゥーは、たぶんに呪術的なのだろう。もっともっと事例を集めなければならないけれど、たぶん、そうなのだ。

一方で、タイとフィリピンは様子が違った。仏教（タイ）とキリスト教（フィリピン）という、呪術の対極にあるともいえる、カッコたる宗教がガッツリと根を張っている。その間隙《かんげき》を縫《ぬ》うように、呪術が残されているかのよう。いうなれば「隙間産業《すきまさんぎょう》」である。ここでは、呪術と宗教は、論理的には水と油。多少、混じりあうことはあっても、要素要素はきっちりと峻別される。

そんな「隙間産業」としての呪術のありかたは、さらに、タイとフィリピンで異なった。タイにおいて、パーリ語の経文を利用するのはいいんだけれど、それは、あくまで呪文として。意味不明という点では呪文らしくていいのかもしれないけれど、タイの呪術師は仏教に権威づけを求め、仏教に同化しようとする意識が強いようにみえる。薬草師があたらしい知識の獲得に熱心なのも、同じように理解していいと思う。とても積極的に、呪医は仏教の要素を取り込もうとしている。

しかし、フィリピンでは、どうか？　キリスト教を呪術へと取り入れることは皆無ではないが、そんなに目立たない。呪医は独自の流儀で、患者に相対する。十字を切ったり、教会に足を運ぶことを勧めたりはするものの、卵がどう転ぶかで診断したり、虫や虫の糞を服用させたり。リリーがやっていることは、思いっきり、呪術が卓越している。タイの状況を仏教と呪術の折衷とするなら、フィリピンでみられるのはキリスト教と呪術の共存である。もちろん、ちょいちょい、キリスト教の要素は混ざってくる。でも、タイほどにはアカラサマではない。近代医療との関係も、同じだ。タイの呪医や薬草師がなりふり構わず、積極的に知識を取り入れるのとは裏腹に、フィリピンでは医者にこっそり助言を求める。場合によっては、呪医が近代医療を勧めさえする。そう、あっけらかんと、なに食わぬ顔をして。

仏教は、すでに述べたように、たぶんに呪術的だ。よって、呪術師は仏教と積極的に同化できる。かたや、キリスト教は厳格な一神教。呪術的要素はギリギリまで排除され、よって、呪術師は同化に消極的にならざるをえない。仏教とキリスト教はともに世界宗教とされ、ヒンドゥーや神道のような民族宗教とは区別される（森達也『神さまってなに？』三五頁）。でも、同じカテゴリーに入っていても、呪術からみれば、仏教とキリスト教はやっぱり違う。仏教の呪術性を否定するのはむずかしいのだ。

ここでちょっと、確認しておきたいことがある。呪医はどのようにして呪医になるのか、そのプロセスだ。

バングラデシュはC村のN氏が、夢をみて呪医になったことは、すでに紹介した通り。コビラージ二名についても、同様である。これに対して、フィリピンのリリーは、親の職業を受け継いだ格好、つまりは世襲である。他方、タイとバリでは、修行を経て、呪医や呪術師になるケースがおおいようだ。つまり、夢見、世襲、修行の三つのタイプがあるのである。

ところで、シャーマニズム研究で名高い佐々木宏幹は、「シャーマンへの変身のプロセス」として、召命型、世襲型、修行型の三つのパターンを紹介している（『シャーマニズム』中公新書、一〇一～一〇二頁）。シャーマンというと、霊魂が憑依して、ハタからみればヤバいことになっちゃってる、アブないひとというイメージがあるかもしれない。しかし、霊魂というのは精霊のことだから、アニミズムとか多神教とか、そういう文脈に位置づけられる。であれば、憑依だって、ありふれた事象となる。しかもシャーマン、北アジアでは祭司や祓魔師、宣託師、呪医、予言者などを兼ねるという（一九頁）。え？　呪医？　そう、呪医も広義にはシャーマンということになるのだ。ならば、召命型、世襲型、修行型という三分類は、呪医にも応用させることができる。と、見做し、さきに進む。

召命型というのは、神や精霊がある人物を選び、いろいろな試練を与えるというプロセスである（一〇八頁）。神や精霊が特定の人物を選定する際には、夢の形をとる事例がおおくしられている（一〇八〜一一二頁）。試練というところが抜け落ちてしまっているけれど、夢見という点では、バングラデシュで私がみた事例も同類に含めていいだろう。パゴールとコビラージ二名は、召命型の呪医といえる。

フィリピンのリリーは、これはもう間違いなく、世襲型に分類される。そして、タイとバリの呪医は、修行を経るということであるから、修行型とみて構わないだろう。

召命・世襲・修行の区別は、呪医を取り巻く社会環境の違いに呼応しているようだ。呪医という職能が世襲や修行によって受け継がれていくとすれば、相応の社会的前提がなければおかしい。当該の社会では、呪医という役職が確固たるものとして認知されている。されているからこそ、呪医という職業が世襲されていくのである。

このように、世襲型を支える必須の前提条件は、一定の社会的評価を受けることである。おおくのひとが呪医の施術をほっし、世襲していくに値する収入を見込めるという状況が醸成されなければならない。最低限、施術に対価を支払おうとする集団がいなければ、はなしになるまい。そして、社会的に評価される職業であるからこそ、呪医の家に生まれなかったひとまでが、呪医になろうとするのだ。それこそ、修行をも厭《いと》わずに。ここにこそ、修行型が生まれえよう。

世襲がさきか、修行がさきか？　それは、わからない。卵とヒヨコのはなしにも似ている。だから、そこに拘泥《こうでい》するのは不毛かもしれない。しかし、修行型の背景に、社会的承認、しかもかなり成熟したそれがみい出されるのならば、世襲型がまずあり、評価が確定したうえで修行型が生まれてきたようにみえる。

でも、夢見はちょっと、毛色が違う。もちろん、夢をみて呪医になる者を受け入れるというのは、ある意味、とても高度な判断だと思う。なにせ、夢は夢であって、余人には確認のしようがない。そんなアヤフヤな根拠もひっくるめて、受け入れてしまうのだから。なお、偶然の要素がたいへんに強い召命型は「偶発型」（一一四～一一五頁）とも評される。さもありなん。

社会的な承認が、いわば、追いついていない偶発的な呪医。そんな呪医が受け入れられているのなら、そこには、社会的認知の醸成というプロセスを割愛させてしまうような、有無をいわせない、圧倒的なメッセージ性がなければおかしい。「昔からそうだから」などという、追い風は、そこには吹かない。けれど、周囲を納得させなければならないのだ。夢見による呪医は偶然生まれるけれども、呪医が存在することは必然であるという強固な社会的合意が不可欠である。夢をみてたまたま誕生した呪医は、だからこそ、地域社会を挙げて、より一層盛り立てられなければならない。呪医とは、かくも、社会的な存在なのである。と、いうことになる。

19

唐突だけれど、私はかつて、アジアの諸文化に二つの類型を指摘したことがある（拙著『境界の発見』近代文藝社）。インドや中国といった文化の中心・中核の近くにあって、その影響が「洪水」のように押しよせる地域の文化類型と、文化的な影響は受けるものの、それが「雨漏り」のようにおだやかな地域の文化類型である（丸山真男「原型・古層・執拗低音」加藤周一ほか『日本文化のかくれた形《かた》』岩波現代文庫、八八〜一五一頁）。前者のような地域では、外来と在地の「二者択一」が常に強いられよう。でも、文化の影響がどんなに激しくおよぼうとも、自国の伝統文化が唯々諾々《いいだくだく》と押し流されてしまうとは考えにくい。踏ん張るのだ。そして、熟慮のうえ、ひとたび選んだのなら、選んだものに固執するのも無理はない。場合によっては、ギリギリのところで、折衷に落ち着くこともある。私はこれを境界型とした。他方、後者における文化の影響なんて、のどかなもんだ。さまざまな技術や文化が共存を許され、ひとびとはじっくり品定めをし、イイトコ取りすればいい。そんな「取捨選択」を許されるのが辺境型だ。そんなふうに、私は考えた（拙稿「境界／辺境論序説」『教育と研究』第三二号、一～二一頁）。

境界／辺境論の視座から呪術を眺めると、なにがみえてくるだろう？

タイはインド・中国から地続きで、近い。だから、境界型・洪水型である。仏教を選び、だからこそ、仏教に固執する。仏教の奔流にさらされた呪術は、仏教と折衷して生き延びる道を選んだ。パーリ語の経典を呪文にしてしまっているあたりは、そんなふうに説明できる。同時に、境界であるなら、「二者択一」を迫られる。「二者択一」というのは、なんだか受け身のようでいて、でも、結局は自分で主体的に選ばざるをえない。そんな積極的な姿勢が、近代医学とのポジティブなかかわり（研究所に足を運ぶ薬草師）にもあらわれていると考えられるのである。

かたや、島嶼部を占めるフィリピンは辺境型・雨漏り型であろう。辺境では、さまざまな要素の共存が許されるのではなかったか。キリスト教と呪術もまた、共存を許され、だからじっさい、共存している。「取捨選択」を許されるのが悪いとは私も思わないが、逆にいえば、選ばなくてもいい。あるときには近代医療に頼り、別の場合には呪術にすがっても許される。なにせ、共存は、お互いの不干渉が前提だ。かような環境のなかに、フィリピンの呪医が身を置いているとすれば？　だからこそ、呪術とキリスト教は、お互いの存在を許容し、ぼんやりと共存しえるのだ。境界型のタイとは対照的に、フィリピンでは呪術をめぐる状況までが辺境型であった。いや、呪術は地域社会とともにある。だから呪医は、地域社会の文化的背景に、溶け込んでいくのだ。

呪術というのはやはり、ひとびとの精神世界の深層に脈打つものだと思う。そんな前提で、仏教やイスラームなどの「高度宗教」をむかえたとき、ひとはさまざまな反応をみせる。折衷を模索したり（境界型）、ぼんやりと共存したり（辺境型）。呪術のありようが風土の桎梏《しっこく》から逃れられないことは、もはや議論の余地もあるまい。

で、やっぱり、バングラデシュのパゴールとバリの事例、ヒンドゥーと呪術の関係についても言及せねばなるまい。ともに、ヒンドゥー教の枠組みのなかで呪術がおこなわれ、ヒンドゥーとは未分化である点では一緒だと思う。差が出てくるのは、近代医療とのかかわり、距離感であろう。バリでは、そもそも、呪医が伝統医療の一角を占めており、そのことは公的にも認められている。だからそこでは、呪医と近代医学は根本的に別物となる。そもそも、呪医が近代医療の知識を仕入れるという雰囲気じゃあ、ない。

かたや、バングラデシュでは、すでに紹介したように、ひとびとは呪医の存在を許容しつつも、ナンダカンダ、最後には近代医療に頼る。劣悪な交通事情の農村で、近代医療のスキマを補う。それが、呪医であり、公的な位置づけはアヤフヤなまま。それで、いいのだ。

と、ここで、佐々木宏幹が『シャーマニズム』のなかで書いていることが思い出された。祭司とシャーマンの区分だ。さきほどもふれたが、医療行為を担うシャーマンもいるというから、祭司と呪医の区分と読み替えてもよかろう。同書には、ヒンドゥーにおける祭司と呪医の線引きについての研究が紹介されていた。

それによれば、呪術・宗教的職能者は祭司とシャーマンにわけることができる。祭司の領分では、普遍的な神々が信仰され、サンスクリット原典を重んじる。社会体系の維持や長期的な福利が追求され、定期的な儀礼が優勢である。祭司は上層カーストによって世襲され、専門家と見做される。一方、シャーマンのほうは、地域的な神々や伝承がベースとなる。個人的な問題に対応し、特別の儀礼が卓越するという。比較的下層のカーストに属する者が獲得する役職であり、かならずしも、世襲されるものではないらしい。そして、「文明の中心から遠く離れた地域に住む無文字民族ほど祭司とシャーマンの分化の程度が低く、逆に文明度の高い有文字社会ほどその分化の程度が高」いというのだ（一四六頁）。

なるほど、なるほど。

ヒンドゥーという確立された宗教にあって、その中核を担うのは上層のカーストである。つまりは、宗教的職能者の地位は、上層カーストのひとびとによって、世襲されていくのである。祭司という役職はいわばオフィシャルなもので、だからこそ、儀礼は形式化し、教義は複雑化していくのだろう。教義を複雑化することで、他者を排除する。そんな排他的状況は、世襲によってもたらされ、世襲によって深められていく。

皮肉としか、いいようがない。オフィシャルなその位置づけは、祭司をして、社会体系の維持や長期的な福利といったより高尚なゴールを目指させる。しかしながら、他者である信者のための営みは、信者を排除し、置き去りにする。そんな矛盾を飲み込んでしまうのが、世襲というブラック・ボックスであるように思われてならない。

他方、佐々木によれば、かならずしも世襲されない呪医もいる。下層カーストが輩出する呪医は、地域的な神々や伝承をベースとし、個人的な問題に対応するというのだ。まさに、C村のN氏ではないか！

祭司との対比でいえば、地域社会に根ざした呪医は、儀礼や教義の複雑化とは縁遠いに違いない。そりゃあ、世襲を重ねることで、排他的になってもいくのだろう。でも、夢で覚醒したパゴールやコビラージたちは、すくなくとも、その当人たちは、そこまでにはいたっていない。排他的ではない呪術は、地域社会と親和できる。呪術は村びととともにあり、地域の神々とともにある。祭司の権威が信者を排除し、結果として信者を神から遠ざけてしまうのとは、対照的である。

そして、都市部で祭司と呪術師（シャーマン）の分化が明瞭だという指摘も、とても面白いと思う。観光客が押しよせるバリは、やはり都市部ということになるのだろう。境界／辺境でいえば、境界。バリにおいて、呪術師の役割分担が詳細に決められ、一部、行政が公的に分類をしているという事実は、佐々木の理論とよく符合する。そして、二者択一を迫られるような厳密さが透けてみえるのである。

かたや、都市部から一定の距離を置くバングラデシュ・C村のような農村部は辺境となる。共存を旨とする辺境にあって、文化の諸要素は、相互不干渉のまま、混在する。祭司と呪医の棲み分けがキッチリ定まってはいないのも、さもありなん。というか、祭司と呪医をわける基準そのものが、ない。だから、世襲や修行によって呪医としての能力が継承されることはない。というか、世襲・修行したくとも、なにをどうしてよいのか、だれもしらない。かくて、夢見ということになるのであって、C村の環境こそが、そうさせるのである。

20

ヒンドゥー世界において、呪術はかくも活き活きとしていた。呪術ととても相性がいいヒンドゥーについて、もうすこし、掘り下げてみたいと思う。ここでは、佐々木宏幹の「新しい神と古い神：ヒンドゥ化の若干の局面について」（『宗教人類学』講談社学術文庫、一三四～一五六頁）という論考がとても参考になった。

ヒンドゥーを定義しようとしても、それは、なかなかにむずかしい。とても複雑で、秩序だった概念は、ヒンドゥーのまえでは無力である。そんななか、人類学者であるS・C・デュベによる、つぎのような定義が紹介されている。すなわち、ヒンドゥーとは「アニミズム、アニマティズム、多神教、そして時には一神教をも含めての混合物である。これらに精霊、死霊、悪霊、ウィッチ、呪術への生きた信仰を加えなければならない」のである（一三七頁）。そして、「これらの複雑多様な要素全体の複合が地方の人びとによって把握されている超自然観を構成する」というのだ。

このように、ヒンドゥーを追究していくと、そこにみえてくるのは、複雑な「混合物」としての宗教である。しかも「混合物」には、「アニミズム」や「精霊」、「呪術」までもが包摂されている。さらにヒンドゥー世界において、「呪術」は「生きた信仰」であるという。そこでは、呪術的思考は過去の迷信などではない。いまなお、価値観の根本をなしている。ヒンドゥーと呪術が相性がいいのはあたりまえである。ヒンドゥーは、呪術をも温存した思想の複合体であるのだから。

呪術を含んだヒンドゥーは、どのようにして醸成され、地域社会に根づいていくのだろうか？　いくつかの、興味深い事例が紹介されているが、南インド・ニルギリ丘陵に住まうコタ族の事例について確認しておきたい（一四二〜一四六頁）。スッゲー、オモシロいですよ！

コタ族は伝統的に、父神・母神・弟神を崇拝していた。祭司がいて、神に供物を供え、祈禱を捧げる。祭司のほかに三名の占い師がおり、三柱の神々に、それぞれ仕えているという。祭司の職が空席になった場合には、神々を祀る社に村びとが集まり、そのまえで占い師が神がかりして、村びとのなかから、あたらしい祭司が選ばれるという。占い師とか、神がかりって……。まるっきりの、呪術じゃないか！　祭司がいたり、だから、儀礼や祈禱はそれなりに形式化されているのだろう。しかし、そんな彼ら、呪術的思考をほぼほぼ温存しつつ、宗教をつくっているのである。

一九二四年、そんなコタ族の村を熱病が襲う。じつに、住民の三分の一が死亡したというから、さあ、たいへんだ。祭司や占い師も病死して、不在となった。そこで村びとは社殿に集まって、後継者を任命してくれるよう、祈願した。すると、かつて占い師を務めていた人物にヒンドゥー神が憑依した（一四三頁）。憑依かぁ……、もう、驚きませんよ？　どうぞ、好きにしてください。

看過できないのは、「新しい神」がヒンドゥーであること。ここに、コタ族の村は、晴れて、ヒンドゥー・コミュニティーとなったのである。

が、しかし！

あたらしい社殿が建立され、あたらしい儀礼も定まったが、それは「古い神」に対する儀礼とそっくりであったという。そして。二〇年後、どうなったか？

結局、彼らは、なにごともなかったかのように、伝統的な儀礼を執りおこない、伝統的な三柱の神々は圧倒的な地位を占めていたという。

「新しい神」の社《やしろ》はほとんど見向きもされず、「古い神」の社殿は変わらずに、「清浄にして無傷であった」(一四六頁)という。

彼らは、ちゃんと(?)ヒンドゥー化したのである。政府の援助を享受し、道路や公共施設の整備も進み、経済的には、おおきな恩恵に浴した。しかし、結婚や家族の型はなにも変化しなかったという。つまり、「社会的適応の型」は変化したが、「文化的同化」は進展しなかったのである。

佐々木は、つぎのように、総括する。「通常の病気や死にたいしては、人びとはこれに対処する自然的および超自然的方法を十分にそなえているものである。したがって、通常の生と死のサイクルが円滑にくり返されている限り、病気と死への対処に関係のある『古い神』=古い価値が疑問視され、その地位がゆらぐことはほとんどないはずである」(一四五頁)、と。コタ族は、かつて経験したことのない熱病の猛威をまえにして、「古い神」を疑い、「新しい神」を勧進《かんじん》したのである。しかし、彼らは価値観を根本的に改めたわけではない。だから、熱病の脅威が去れば、そして通常のサイクルに復すれば、呪術的思考を温存した価値観がふたたび、表面化してくる。とても、したたかだと思う。ヒンドゥー教徒としての恩恵をちゃっかり享受しつつ、でも、思想は一切、変えていない。すべてのヒンドゥー・コミュニティーがそうではないのだろうけれど、いわば面従腹背《めんじゅうふくはい》な集団をも取り込んで、どこまでも拡大し、どこまでも浸透していく。それこそが、ヒンドゥーの本質といえそうだ。

　そこでは、ありとあらゆる思想が、あるがままに、共存を許される。いわば、「神の坩堝」（一五二頁）である。あまりにも渾然としたそこで、神のすがたを見定めることは、とてもむずかしい。ひとついえるのは、呪術的思考もまた、存続を許されるということ。呪術を排除しない環境こそが、呪医を揺籃するのだ。「呪術師のいる風景」を現前せしめるのだ。

21

岩田慶治は呪術のありかたが、山地と平地で違うと書いている（『草木虫魚の人類学』)。すなわち、山地ではひとびとは「カミ」と直接、対面したが、平地では「社会的に承認された宗教的職能者」が発生するようになるという(二〇四〜二〇五頁)。前者においてひとと「カミ」の関係は自由であるのに対し、後者では「カミ」は「家畜化」されているのだ(二三六〜二三七頁)。ほんらい、個人の裁量に任されていた「カミ」との自由な対話は、社会の複雑化に歩調をあわせて、整理され、形式化されて、ついには専門家の介入をあおぐようになる。すると、皮肉なことに、宗教が高度化されていくのとは裏腹に、制約が増え、不自由になっていく。岩田は、一見未開にみえる呪術やアニミズムにこそ、精神の自由を汲み取っているのである。

はじめに、村びとが参加する祭りがあったという。それは半《なか》ば、参加が強制されているから、その意味では不自由である。しかし、そこでは、村びとのひとりひとりが、いわば、主人公である。「人とカミのあいだに仲介者はいらなかった。仲介者なしに人がカミとして振る舞い、カミが人として喜怒哀楽をほしいままにする。それが自由というものであった。純粋な時間というものであった」(二一七頁)というのだ。

しかして、祭りも整備されていく。ひととカミを仲立ちする仲介者が登場し、仲介者が祭りを仕切るようになる。秩序や伝統、格式が重要視され、仲介者の仕切りに疑義をはさむことは厳禁となる。カミとの自由な交流は制限されていく。仲介者は「演技」を参加者にみせる。参加者は、その演技を「一定の文化・社会の文脈において解釈しなければならなくなる」のだ。かくて、参加する祭りは、鑑賞する祭りへとすがたを変える。同時に、カミは束縛され、不自由になって、「家畜化」されてしまう。

自由なカミが、不自由になる。その変容の方向性は、おおいに首肯できる。ならば、自由なカミこそが、根源的で本質的である。岩田慶治の言説からは、そんなふうなことが読み取れるだろう。

で、たとえば、N氏である。彼の拠《よ》り所とするカミは、ヒンドゥーという体系のなかに位置づけられるのだろう。しかし、夢見によって呪医になったN氏は、存在そのものが、きわめて個人的だ。将来的に、息子、孫へとかくじつに継承されていけばまだしも、現時点では専門家とはとてもいえない。夢見である以上、仲介者とよべる存在もいない。そう、N氏はどこまでも自由。カミはほんらい、束縛を嫌うのだ。N氏の精神が伝統や格式から自由であったからこそ、彼の脳裏にカミはあらわれたのである。自由を好むカミは、より本質的なカミであり、そこに仲介者のすがたはない。

N氏は夢をみて、カミとの自由な対面におよんだ。N氏の呪術は、ひとの心理の奥底に眠る、たいへんに本質的な営為ともいえる。そして、それを揺籃したC村。首都からでもぜんぜん、日帰りできちゃう近場で、「呪術師のいる風景」に出あえるバングラデシュ。そんな景色をみせてくれたバングラデシュ、C村、N氏には、感謝の言葉しかみつからない。

でも——。

それでも私などは、人間文化の深淵の、その縁に、ようやく立ったにすぎないのだろう。アジアを訪ね歩いてきた私の夢は、ただひとつ。さまざまな文化との、自由な対面である。そのためにみるべき夢があるのなら、みてみたいものだ。

こんなことも書いてあった。

強い共感を禁じえなかったので、以下に紹介しよう。

より本質的なカミが自由であるとするならば、ひとと自然の関係も自由であるべきだ。岩田は、そう、指摘する。人間の立場から環境の秩序を打ち立てる、あるいは、地球を管理するなどということは、あってはならない。秩序を求め、管理を強化していくのは、宗教における仲介者がやっていることと同じなのだ。一見、見応えのある光景が眼前にあらわれようとも、それは所詮、演技にすぎない。自然を「管理する自由は、自由ではなくて束縛である」（二九五頁）のだ。ひとが己の自由のために、自然を管理しようとすれば、そこにあらわれるのは、不自由な自然である。不自由な自然に暮らしていては、真の自由など覚束ない。

であるならば、「われわれはわれわれ自身の、われわれの土地に根ざした学問を育てなければならない」（二九六頁）。不遜《ふそん》になってはいけない。ひとの思うことは、結局のところ、風土の範疇からおおきく逸脱するものではないのだ。陳腐な環境決定論に走るつもりはサラサラないけれど、環境不在のまま人間を追究したところで、結局は不自由にオチイるのがオチ。自由でいたいのなら、仲介者を求めることなく、自らその土地その土地の風土に思いを馳せることが肝要ということなのだろう。

つまるところ、その土地固有の風景を、虚心坦懐《きょしんたんかい》、含むところなく、眺めるべきなのだ。「呪術師のいる風景」を、呪術師がいるままに、全面的に受け入れる。その姿勢を貫いてこそ、自由でいられるのだろう。カミとの対面だって、はたせるかもしれませんよ？

22

そもそも、岩田慶治が「カミ」という表現を使い、「神（かみ）」と区別している点は、とても、奥深いと思う。そうなんだよな、私たちは、「カミ」という存在を、なんとなく、信じているのだ。すくなくとも、感じているのだ。あえて、漢字をあてると、「神」ということになるのだが、「神」は中国語では「シェン」くらいの発音であって、「カミ」とは、ぜったいに、読めない。私たちは、そもそも、「カミ」を信仰しており、それを表現する文字をもたなかった。その後、漢字が入ってきて、「カミ」に漢字をあてようという段になって、まあ、概念的に一番近いから、「神」にしておこう、くらいの感じだったのではあるまいか？「シェン」とよんでいたひとって、いるのかな？　特別に活躍するプロ野球選手を、カミってるということはあっても、シェンしているなどとは、けっして、いわないでしょ？

あたらしいカミさまだって、もちろん、いるだろう。でも、漢字が入ってくるまえから、カミさまはいた。そういうことにも、なる。最低でもそれくらいは古くにさかのぼり、だから、私たちにとっては根源的な概念であったといえるだろう。ここまでに、論理的飛躍はないと思う。

そして、すくなくとも「カミ」は、一神教における唯一絶対神ではなかっただろう。日本の場合、想定するべきは、神道であり、だから、多神教的な発想に基づくカミさまであったと考えて、大過あるまい。カミさまはたくさんいて、私たちは思い思いに、カミさまにすがっていたのだ。「カミはいたるところにいる。しかし、カミに出逢う時にめぐりあうことは稀である。カミはいつだっている。しかし、カミに出逢う場所にはなかなかたどり着けない」（岩田慶治『カミと神：アニミズム宇宙の旅』講談社学術文庫、一五頁）のである。いつも身近にはカミがあふれている。カミの存在は、たしかに、感じられるけれども、拝謁《はいえつ》は叶わない。探し求めても、カミがいる場所にいたることはむずかしい。でも、カミは、どこかに、いる。かならず、どこかにいて、われわれを見守ってくれている。そんな理解を、われわれはしてきたのだ。

そもそも、カミということばの由来はなんだろう？

テュルクという民族について、たまたま調べる必要があって、関連する書籍を読んでみたら（小松久男編著『テュルクを知るための61章』明石書店）、無視できない記述に遭遇した。彼らは突厥《とっけつ》という民族集団の系譜をひくから（一八〜一九頁）、もともとは、中国の北にいたというイメージでいいと思う。そんな彼らはおおいに西進し、中央アジアに覇を唱えたのである。かの預言者ムハンマドをして、「テュルク語を学べ、なぜなら彼らの支配は長く続くから」（三頁）といわしめたとか、いわしめなかったとか。真偽のほどはさておいて、でも、「信頼できる学識者」は、そのことばを否定しなかった。と、いうくらいの勢いを誇った民族である。

そんなテュルク、ゾロアスター教や仏教、キリスト教、マニ教、そしてイスラームなど、じつにさまざまな信仰・宗教を拠り所としてきたが、しかし、シャーマニズムへの信仰もおおきな意味をもちつづけたという（三七頁）。シャーマン（呪術師・祈禱師）が隠然たる力をもちつづけたのであり、シャーマンのことを、テュルク語では「カム」という。この「カム」がカミと関連するという説もあるそうだ（三七〜三八頁）。

だから、カミは呪術師や祈禱師を意味する言葉であった。さらにいえば、呪術師・祈禱師に憑依する精霊の意にも転じる。すなわち、カミは精霊であり、精霊ないしはそれが憑依したシャーマン自身はときに、神格化されうる。だから、カミは、漢字で表現するところの神ということになる。ここに、おおきな齟齬《そご》はあるまい。

順番に気をつけてほしい。精霊を感じたひとが、それを、カムとよび、カミへと転訛《てんか》した。しばらくして、カミのあて字として「神」という漢字をもってきたのだ。なにも、それを詰《なじ》っているのではない。漢字を使っている以上、カタカナのカミのままでは都合が悪い。だから、それでいいのだけれど、再度、否応なく、確認されよう。カミがきわめて根源的な存在であったということを。われわれの文化の基層に目を凝らせば、そこには、かならず、カミがいるのである。

カミは、精霊である。アニミズムの世界、精霊を認める世界にこそ、カミは存在する。だから、カミさまは、いたるところに、いる。こうした伝統的な考えかたは、神道へは、しっかりと受け継がれたであろう。しかし、有史以来、仏教や儒教など、さまざまな宗教が日本では受容されてきた。あたらしい思想によって、精霊の存在はかき消され、カミはいなくなってしまったのだろうか？　しかも、インターネットがこんなにも普及した現在、その傾向は強まりこそすれ、弱まるとは、とても思えない。

でも、ここで、南インドのコタ族のはなしを思い出してほしい。伝統的なカミの概念は、しぶといのだ。熱病によって存亡の危機に立たされたコタ族は、あたらしいカミの導入に踏み切った。けれど、そんな逼迫《ひっぱく》した状況でも、あたらしいカミが古いカミを凌駕《りょうが》することはなかったのである。最終的には、古いカミが生き残った。これを思えば、日本人は仏教や儒教というあたらしい教えを、どれほど渇望《かつぼう》したというのか？　そりゃあ、心底、傾倒したひともいたでしょうが、おおむね、そんなに切実ではなかったはずだ。生きるか死ぬかの瀬戸際でコタ族が選んだカミですら、やがて見向きもされなくなってしまったのだ。すくなくとも、そういう事例があるのだから、日本に入ってきたあたらしいカミが深く浸透したと考えるのは、ちょっと、無理がある。日本人の深層心理に、古いカミさまが生き残っていたとて、なんの不思議もない。

私は、私の個人的な出来事がきっかけではあったけれど、確かに、なにかを感じたのだ。なんとも名状しがたい、なにか。それこそが、カミなのだと、いまは思う。たぶん、それは正しい。そんな感触が、ある。で、私が感じたカミは、ブッダではない。いうまでもなく、イエスやアッラーでもない。もっともっと、アイマイで、ゴチャゴチャした、なにかである。断じて、あたらしいカミではない。古いカミだといわれたほうが、シックリくる。どうも、宗教とはまったくの無縁であった私の裡にも、カミは宿っていた。しかも、伝統的な古いカミが。そんな結論にいたったとき、すこしだけ、ホッとしたのを、いまも鮮明に覚えている。

23

自分としては思いもよらなかったけれど、かくて、私はカミを思うようになった。こんなことなら、大学のときの宗教学の講義、もっとしっかり聴《き》いときゃよかったナ。でも、いまさら後悔しても、後の祭り。宗教初心者の私にもわかるような、入門書ないかなぁ。と、本屋を物色していたら、森達也の『神さまってなに？』という本が目についた。早速、買って、読んでみた。

「そこらじゅう神さまだらけだ」（一二頁）。

いきなり、キャッチーなフレーズが目に飛び込んできた。むろん、私は心を鷲《わし》掴《づか》みにされました。そうなのだ、一神教は別としても、多神教的発想を前提とする世界には、そこらじゅうにカミが存在するのだ。では、なぜ、カミはそこらじゅうにいるのか？　それは、ひとが求めているからである。しかし、なぜ、ひとはカミを求めるのだろうか？　それは、ひとがかならず死ぬからであるという(一八～一九頁)。ひとは死という宿命から逃れることはできないが、できないからこそ、願う。「できれば死にたくない。死んだとしても消えてなくなるとは思いたくない。死んだ後もこの意識は消えないと思いたい。肉体が滅びても魂は残ると信じたい」のである。もちろん、宗教によって、この魂についての説明はいろいろだけれど、魂が存在するという願いにこそ、カミが宿る、宗教が生まれるというのだ。

これはもう、完全に、呪術的思考だと思う。

森さんは、映画監督であり、作家である。そんな森さんが、呪術的な考えかたに思いいたったのだから、これは相当に本質的なものなのだと思う。凄惨な紛争やテロの背景に宗教があって、だから、カミをしらなくてはいけない。そんな警鐘を、森さんは鳴らしているのだが、さもありなん。宗教の根っこに呪術的思考をみい出すなら、それは、どこにでもある、ありきたりの思考である。でも、だからこそ、われわれは、呪術に目を向けなければならない。向けつづけなければ、ならないのだ。

こんなことも書いてあった。

日本人はよく無宗教だという。じゃあ、宗教とは無縁でいられるかというと、そうはならない。日本人は無宗教ではあるが、無神論者ではない（三〇頁）。特定の宗教や宗派に深く傾倒するひとの割合がすくなかろうと、カミを完全に否定できるひとは、ほとんどいないのだ。だからこそ、そこらじゅうにカミがいることになっているのだ。本には明記されていないけど、世界はカミさまであふれている。しかもそれは、現代日本においても、ごくフツーにみかけることのできる風景なのである。

そもそも、宗教は英語で、レリジョン（religion）である。「re（再び）とligion（結びつける）がひとつになった言葉」であるという（三一頁）。では、なにとなにを結びつけるのか？　レリジョン（religion）の語源であるラテン語のレリギオ（religio）には、超自然的な存在に対する畏怖という意味が込められているのだとか。そう、つまり、人間と超自然的な存在や事象を結びつける。それが宗教の根本的な目的であると考えることができるのだ。

人間と超自然？　こりゃあ、もう完全に、呪術の世界ですな。宗教とは、これすなわち、呪術でもあるのだ。世界には、ヒンドゥー教やユダヤ教といった民族宗教や、仏教、キリスト教、イスラーム教といった世界宗教がある（三五～三七頁）。まとまった信者を抱え、複雑な教義を誇るこれらも、しかし、宗教であることに変わりはない。カミがいて、カミを信じるのだ。カミがたくさんいたり、ひとつだったりと、さまざまだけれども、それは所詮、カミの定義をめぐる多様性にすぎない。ひとは、自らの力ではいかんともし難い困難に直面したとき、それを超自然的な事象であると諦観する。せざるをえない。そして、その対処を、超自然的なカミに委ねる。ここにカミが生まれ、場合によって、宗教が生まれる。

だから――。

宗教を欠いたまま、カミを感じたとて、怯《ひる》むことなどない。それは、無神論でガチガチに理論武装されていないのなら、とりたてて、おかしいはなしではないのである。

ただし、カミは自由が好きなのだ。宗教に頼らずにカミを感じるのであれば、ニュートラルでいなければならない。私の個人的な経験でいえば、「呪術師のいる風景」を、冷静に眺めることができるか、否か。私は最初、できなかった。いま思えば、私はカミを受け入れていなかったのです。だから、奇妙奇天烈《きみょうきてれつ》な風景にしか、みえなかった。しかし、身近なひとの死に直面して、ぼんやりとではあるが、カミと出会った、あたらしい私。否、ほんらいの自分を取り戻した私。そんな私には、「呪術師のいる風景」はまったく違うものにみえた。その意味するところは、うまく表現できないけど、胸に迫ってきた。呪術師がいて、それを歓迎する村びとがいる。彼ら／彼女らの心性は、カミを求めるという本質的ななにかに根ざしている。いまはそれが、なんとなく、わかる。異国の奇抜な風景は、突如、自分の風景になった。「呪術師のいる風景」とは、思い浮かべるだけで、なぜだか安心感を覚える「心の原風景」でもあったのだ。

結

宗教？　なんだか、ムズカしいし、そもそも、イエスやムハンマドやお釈迦さまが、イイコト思いついちゃっただけでしょ？　正直、それを心から、信じるなんて、僕には、無理。そもそも、ソレって、正解なの？　正解にしては、いろいろ、ありすぎじゃね？

生来、ヒネくれていた私は、宗教を、そんなふうにしか考えていなかったのだが、それはあまりに浅慮というものであった。にんげんだもの、いろいろな解釈があって、むしろ、あたりまえ。ポイントは、カミであったのだ。人間は所詮、欠陥だらけ。全知全能とはほど遠い。そんな隙のおおい人間だからこそ、全身全霊でカミを感じ、信じ、ほんのすこしでも、心の隙間を埋められたなら……。そんな切実な思いで、ひとはカミをほっする。ほっしなければ、おかしいのだ。

ほっしていなかった私は、まったく、どうかしてたのです。いまは、そう、確信している。でも、受け入れ難いものは、いつか、かならず、だれの身にも訪れる。私にとってそれは、弟の死であったのだろう。私は、受け入れ難いそれを、どうにかして、なんとしてでも、受け入れざるをえなかった。それしか、選択肢はなかった。

でも、どうやって？

ひとつの答えが、バングラデシュでふと目にした、「呪術師のいる風景」に潜んでいたのだ。安らぎを与えてくれるその風景は、スッと浸みこんでくるその風景は、カミとのふれあいの風景であり、だからこそ、人間の心の深淵を垣間見せてくれるのである。だから、なんか、落ち着くのだ。

率直に、カミと向きあう。呪術師が夢にしたがったのは、酔狂ではない。真摯にカミと向きあおうとすればこそ、呪術師になる選択をしたのだ。いまのところ私は、呪術師になりたいとは思わない。けれど、カミと向きあう必要は、痛切に感じる。カミを感じたのだから、カミにあってみたい。ほんのすこしでいいから、納得させてほしいんだと思う。

そんなことを感じさせてくれたバングラデシュのパゴールやコビラージたちには、感謝の気持ちしか思い浮かばない。風評になど屈せず、頑張ってほしい。カミと対話するすがたを、「呪術師のいる風景」を、これからもみせつづけてほしい。

——またたくまに一周忌がすぎて、気がつけば、三回忌（二回目の命日）の法要も、終わった。しかも、あっけなく。そして、三回目の五月十四日をむかえようとしている。

両親はめっきり老けこんだ。老父はなにもいわないけれど、ふとしたときにみせる表情は寂寞《せきばく》としている。老母の思考は、ふとしたことで、亡弟のことで占められてしまう。油断するとスグに、目に涙を浮かべ、声を詰まらせる。私はといえば、得体《えたい》のしれない無力感に苛《さいな》まれつつ、この文章を書いている、書くしかない。だって、ほかにできることなんて、思いつかないから。

それでも、だいぶ、落ち着いてきたかなぁ。飽《あ》いたとも、倦《う》んだとも違う、ちょっとだけ、穏やかな感覚がふと、心をよぎる瞬間も、なくはない。そんな瞬間は、「呪術師のいる風景」を想うときに、すこしだけ、ほんのすこしだけだけれども、湧いてくる、ほのかな感情である。

でも、私はまだ、弟の死を完全に受け入れることはできていないのだろう。そのことは確実だ。弟の声を聞きたい。聞きたいことは山ほどある。納得できる究極の正解があるのなら、だれでもいい、ぜひとも、教えてほしい。納得させてほしい。けれど、そんなに簡単ではあるまい。簡単どころか、正直、みつかる気配すら、ぜんぜん、ない。でも、だからこそ、カミを求めるのだろう。求めつづけずには、いられない。そんな人並みなことを、噛《か》みしめる。

そんな自分が、ここにいる——

TTS文庫

齋藤　正憲（さいとう　まさのり）

1971年、神奈川県茅ケ崎市に生まれる。早稲田大学大学院文学研究科史学（考古学）専攻博士後期中退。現在、早稲田大学大学院客員准教授。東日本国際大学客員准教授、早稲田大学・埼玉学園大学非常勤講師を兼任。比較民族誌を専門とし、これまでに、エジプト、台湾、バングラデシュ、インドネシア、ネパール、インド、スリランカにおいてフィールドワークを積み重ねてきた。著書に、『土器づくりからみた３つのアジア』（創成社）、『境界の発見』（近代文藝社）、『ロクロを挽く女』（雄山閣）がある。

呪術師のいる風景

2019年５月14日　初版第１刷発行

著　者　齋 藤 正 憲
発行者　中 田 典 昭
発行所　東京図書出版
発売元　株式会社 リフレ出版
〒113-0021　東京都文京区本駒込 3-10-4
電話 (03)3823-9171　FAX 0120-41-8080
印　刷　株式会社 ブレイン

ISBN978-4-86641-227-6 C0195
Printed in Japan 2019

ご意見、ご感想をお寄せ下さい。

［宛先］〒113-0021　東京都文京区本駒込 3-10-4
東京図書出版